発達心理学で読み解く保育エピソード

保育者を目指す学生の学びを通して

若尾良徳・岡部康成 編著

北樹出版

は　じ　め　に

　いまどきの心理ブームもあり、また、さまざまな社会問題が発生するなかで心理的な問題が指摘されることもあり、保育士・幼稚園教諭の養成課程の学生であっても、心理学に高い関心をもっています。「子どもの心がわかる保育者になりたい」というのは、保育士・幼稚園教諭を目指す学生の理想の保育者像の常套句です。しかし、実際に、保育士・幼稚園教諭の養成課程で心理学系科目を受け持つと、学生から心理学は難しいという声をしばしば聞きます。それは、現場に直結した具体的な内容を取り扱う保育内容系科目などとは違い、心理学では抽象的な思考が求められるからです。現在の学生の多くは、保育士・幼稚園教諭養成課程の学生であっても、それまでに子どもと接した経験がきわめて少ない状況です。子どもとの具体的な経験が少ない学生は、理論や概念を提示されても、それが現実の子どもと結びついていかないのが実情なのです。

　実際に、発達心理学を教えるとき、テキストに従って理論や概念など抽象的な話から入っても、多くの学生は夢のなかへ……。このようななか、先生方もなんとか具体的な話をしながら、とは思うものの、自分自身には子どもがおらず、なかなか良い例が思いつかない。そういった経験をされた先生方も少なくないのではないでしょうか。そこで、いろんな本を調べても、なかなか良い本が見当たりません。これまでの出版されている発達心理学のテキストは、発達心理学の理論や概念を中心に抽象的な説明が多く、具体的な事例が記載されているものは少ないようです。また、事例を掲載しているテキストであっても、事例は事例として独立して記載されているにとどまり、それぞれの具体的な事例と理論や概念との対応を説明したものはほとんどありません。それならば、具体例を中心としたテキストを作ってしまおうと思ったのが、この本の企画の趣旨です。

　本書の構成としては、主人公（直子さん）が子どもとのかかわりで体験した

エピソードを日記のようにしたためたものに対して、発達心理学者が解説を加えながら、心理学の知識や理論を説明するというものにしました。そして、主人公は、子どもとのかかわりのなかで楽しさを感じ、保育者の道を目指すというように構成しました。読者には、このエピソードを通じて、発達心理学を学ぶだけでなく、主人公と同じように保育者となるモチベーションを高めてもらえれば幸いです。

　本書は、若尾が北樹出版の福田千晶さんから「ユニークなテキストを書いてほしい」と依頼を受けたことがきっかけです。福田さん、執筆者の方々のご協力により、ほかにはないおもしろいテキストになったのではないかと思います。福田さんには、企画を立てる段階から、有益な助言をしていただきました。また、すべての原稿に目を通して、専門外の人が読んでもわかりやすい表現になるよう気を配っていただきました。ここに記して感謝いたします。

編　者

目　次

保育・幼児教育における発達心理学 ・・・・・・・・・・・・・・・・・・・・・・・・ 10
　　１．発達心理学を学ぶ意味　10
　　２．生涯発達とライフサイクル　12
　　　　（１）発達とは何か　（２）発達の区分　（３）ライフサイクル
このテキストの読み方 ・・・・・・・・・・・・・・・・・・・・・・・・・・・・・・・・・・・ 15
エピソード索引 ・・ 16
保育エピソード ・・ 18

番号	タイトル	知覚・認知	人間関係	自己	ことば	身体・運動	教育	障害	頁
第１部　けいちゃんの誕生から２歳半まで									
1	妊娠・胎児期：胎内でも聞こえる母親の声	○	○		○	○			18
2	原始反射：赤ちゃんだけの特別な反応					○			20
3	視覚の発達：赤ちゃんの視力	○							22
4	赤ちゃんの能力：赤ちゃんはなぜかわいい？		○			○			24
5	感情の発達：生まれつきの基本的感情		○						26
6	顔の知覚：赤ちゃんは顔が好き	○	○						28
7	模倣：新生児がマネをする!?	○	○						30
8	自己意識の発達①：ハンドリガード			○					32
9	ことばの発達①：クーイングから喃語へ				○				34
10	対象の永続性：見えないものは存在しない？	○							36
11	発達の原理①：発達の方向性					○			38
12	共同注意：二者関係から三者関係へ		○	○					40
13	歩行の発達：発達の順序と個人差					○			42
14	手先の運動の発達：つまむことは意外に難しい					○			44
15	社会的参照：赤ちゃんの状況判断の手段		○						46
16	人見知り：赤ちゃんは慣れない人が苦手		○						48
17	ことばの発達②：はじめてのことば				○				50
18	愛着という絆：お母さんがいれば安心		○						52
19	ピアジェの発達理論①：同化と調節	○							54

番号	タイトル	知覚・認知	人間関係	自己	ことば	身体・運動	教育	障害	頁
20	ことばの発達③：話しことばの発達				○				56
21	発達の原理②：発達の連続性と速度					○			58
22	自己意識の発達②：鏡に映った自分の理解	○		○					60
23	反抗期：自己主張と自己抑制		○	○					62
第2部　保育者養成課程での学び									
24	遊びの社会的側面：遊びのなかでの他児との関わり		○						64
25	象徴機能：子どもの豊かな想像力	○			○				66
26	遊びの機能的側面：遊びの種類	○							68
27	自己中心性：子どものものの見方、考え方	○							70
28	幼児の知覚の特徴：アニミズムと相貌的知覚	○							72
29	ピアジェの発達理論②：前操作期と保存の理解	○							74
30	気質：生まれつきの性格の違い		○						76
31	内言と外言：コミュニケーションから思考の道具へ			○					78
32	ことばの発達④：質問期と語彙爆発				○				80
33	心の理論：他人の立場で考える	○							82
34	ことばの発達⑤：一次的ことばと二次的ことば				○				84
35	ジェンダー：女の子らしさ、男の子らしさ						○		86
36	最近接発達領域：どこまで手助けするのがいい？						○		88
37	認知機能の発達：順序と因果関係の理解	○							90
38	乳幼児へのメディアの影響：テレビとのつきあい方						○		92
39	偏見：他者を理解する時の傾向						○		94
40	ピグマリオン効果：思い込みが現実に！						○		96
41	三歳児神話の重み：保育所保育への偏見		○						98
42	環境移行：小一プロブレムと幼保小連携		○						100
43	ADHD：「落ち着きのなさ」への理解							○	102
44	自閉症：その子に合わせた関わり方の大切さ		○					○	104
45	知的な障がい：ペースの違いを受けとめる	○						○	106
46	ギャングエイジ：同性グループの仲間意識		○						108
47	第二次性徴：性的成熟と異性への関心		○			○			110
48	反抗期と心理的離乳：親からの自立の過程		○	○					112
49	幼児期健忘：3歳までの記憶がない!?	○							114
50	アイデンティティ：青年期の自分探し			○					116

総合解説 ･･･ 119
　第1章　発達の規定因 ･･････････････････････････････ 120
　　1．遺伝と環境　120
　　2．遺　伝　説　121
　　3．環　境　説　122
　　4．輻　輳　説　122
　　5．相互作用説　123
　　6．行動遺伝学　125
　第2章　愛着と初期経験 ････････････････････････････ 126
　　1．人の乳児の特徴　126
　　2．愛着という絆　126
　　3．生まれつきの人と関わりたい欲求　127
　　4．初期経験の重要性　128
　　5．愛着の発達段階　129
　　6．愛着の個人差　130
　第3章　発達の理論 ････････････････････････････････ 132
　　1．ピアジェの発達理論　132
　　2．ヴィゴツキーの発達理論　135
　　3．フロイトの発達理論　137
　　4．エリクソンの発達理論　139
　　5．ハヴィガーストの発達理論　142
　　6．ブロンフェンブレンナーの生態学的発達理論　142
　　7．マズローの発達理論　145
　第4章　発達の障がい ･･････････････････････････････ 148
　　1．発達の障がいとは　148
　　2．障がいの分類　149
　　3．発達障がい　150
　　　　（1）広汎性発達障がい　（2）注意欠陥多動性障がい
　　　　（3）学習障がい

＊目　次＊ 7

発達心理学で読み解く
保育エピソード

保育者を目指す学生の学びを通して

保育・幼児教育における発達心理学

1．発達心理学を学ぶ意味

　「子どもの心がわかる保育者になりたい」

　これは、保育者（幼稚園教諭・保育士）を目指す学生のみなさんから、非常によく聞かれる言葉です。では、子どもの心がわかるためには、どうしたらいいのでしょうか。多くの方は、「心理学を学べば子どもの心がわかる」と思って大学や短大に入学してきたのではないでしょうか。しかし、実際に心理学を学んでみて、「心理学は難しくてよくわからない」あるいは「これは私の学びたい心理学ではない」と思う人、思った人も多いのではないでしょうか。

　このようなことが起こるのは、一般にイメージされている「心理学」が、学問としての本当の心理学とかけ離れてしまっていることが原因です。おそらくみなさんが期待している「心理学」は、ことばや夢とか、文章や絵、作品などの創作物、テストの回答から、人の心を読みとることができるものではないでしょうか。あるいは、カウンセリングや心理療法をイメージする人もいるでしょう。

　しかし、残念ながら、そんな簡単に人の心がわかる方法はありません。それどころか、人の心なんてわからないといってしまってもいいくらいです。もちろん、心理学のテストや技法を使って、「わかる」こともあります。しかし、それらによってわかることは、人の心のごく一部にしかすぎません。それに、保育者が心理学の技法を学んでもあまり役に立ちません。なぜかといえば、心理テストや技法は、時間をかけたわりには、わかることはごく当たり前のことだけだったりするからです。それに、多くの子どもの対応をしなければいけない保育者が、一人ひとりの子どもに、時間をかけて心理テストをやっている余

裕などないでしょう。

　では、子どもの心がわかる保育者になるためには、どうしたらいいのでしょう。**保育者にとって必要なことは、心理学の技法を身につけることではなく、子どもの発達や子どものものの見方、考え方の特徴を理解しておくこと**です。

　たとえば、登園してきた子どもが、ずっと泣いている場面を考えてみてください。本書のエピソード「愛着という絆」(p52)、「人見知り」(p48) で紹介しているように、これは、おそらく愛着ができた子どもが分離不安を感じているのだと考えられます。保育者として大切なことは、母親と離れることや新しい環境に対する不安を取り除き、保育者が安心できる相手であり、保育園は安全な環境だと思ってもらうことです。しかし、「甘えて泣いているだけ」と思い、厳しく接しようとする保育者もいます。また、「ピアジェの発達理論②」(p74) の例では、子どもがコップのお茶の量の違いに納得がいかないのは、子どものものの見方の特徴によるものです。子どもの目から見れば、ほかの子の方が多いように見えているわけですから、わがままを言っているのでなく公平さを求めているのです。このことを理解しているかどうかで、子どもへの対応は違ってくるでしょう。

　どちらの場合も、保育者が子どもの発達や子どものものの見方、考え方の特徴をきちんと理解していれば、子どもは自分の気持ちをわかってもらえたと思うでしょう。このように、心理学、とくに発達心理学を学ぶことは、子どもの気持ち、子どもの心がわかるということにつながるのです。

　人の心を完全にわかる方法はありません。しかし、それぞれの年齢の子どもたちは、どのような状態にあるのか、どのようにものを考えたり、見たりするのか、何ができて何ができないのか、こういったことをきちんと理解しておけば、子どもの心に近づくことができるのです。

　保育者に必要なことは、共感性とか人間性などといわれることがあります。しかし、共感性や人間性のような資質は、大学ではなかなか学ぶことができません。そもそも、それらはそう簡単には身につけることができないものです。それに対して、子どもの発達やものの見方、考え方の特徴を理解することは、

* 保育・幼児教育における発達心理学 *

知識を身につけ、子どもをしっかり観察すれば、誰にでも可能なことです。そして、子どもを理解することは、共感につながりますし、保育の質の向上につながります。心理学は難しいと感じるかもしれませんが、心理学を学ぶことは、子どもの心に近づく一番の近道だといえます。

2．生涯発達とライフサイクル

（1）発達とは何か？

発達とは、生涯を通しての、心身の変化のことをいいます。時間の経過のなかで、まわりの人や物と相互作用をしながら、より有能に、より複雑に変化していくことを指します。

人の発達は、生まれてからだけでなく、胎児の段階から始まっています。母親の胎内で、身体の基盤はできあがっており、母親やまわりの人の声を聞いていたり、身体を動かしたり（胎動）、確実に発達しています（「妊娠・胎児期：胎内でも聞こえる母親の声」p18参照）。また、発達は、おとなになれば終わりではありません。本書のエピソードでは、青年期までしか取り上げていませんが、人はおとなになってからも、多くのことを学びながら、成長・発達していきます。就職、結婚、出産、子育て、子どもの独立、退職などさまざまな経験を通して、人格や能力などが発達します。さらに、中高年期になっても発達が終わるわけではありません。中高年になれば、身体の機能や知的な能力は衰えていきますが、その一方でそれまでの人生で培ってきた経験や知恵を活かして問題解決にあたったり、下の世代に伝えていったりします。

このような一生涯を通しての発達という考え方を、**生涯発達**といいます。

（2）発達の区分

人間の発達は、その特徴やまとまりによっていくつかの区分をされています。発達心理学において、発達の区分は表のようになっています。

生まれてから1歳までは、乳児期と呼ばれ、そのうち、最初の1ヵ月は新生

表　発達の区分

発達の区分	年　齢	備　考
乳児期	出生から1歳	最初の1ヵ月は新生児期
幼児期	1歳から6歳	小学校入学前まで
児童期	6歳から12歳	小学生
青年期	12歳から22歳くらい	中学生から大学卒業まで
成人期	おおよそ22歳以降	45歳までが前期、45歳以降が後期
老年期	おおよそ65歳以降	

児期と呼ばれます。1歳から小学校入学前までは、幼児期と呼ばれます。つまり、幼稚園や保育園の卒園までが幼児期ということになります。ただ、保育所では、3歳未満を乳児と呼ぶことがあるので、注意が必要です。

　小学生の年齢は、児童期と呼ばれ、中学生から大学卒業の22歳くらいまで、つまり学校を卒業して社会に出る年齢くらいまでが青年期と呼ばれます。ただ、青年期が何歳までなのかについては、確定しておらず、いろいろな考え方があります。青年期はおとなと子どもの中間であり、おとなになるための準備期間だと位置づけられています。最近では、大学を卒業しても経済的にも精神的にも独立していない人が多いということから、青年期が延長しており、20歳代後半まで青年期だという考え方もあります。ちなみに、児童期から青年期への移行の時期は、思春期と呼ばれます。思春期は年齢的に何歳からというよりも、身体の性的成熟、つまり第二次性徴（「第二次性徴：性的成熟と異性への関心」p110参照）の出現を基準とすることが多いようです。

　成人期については、前期と後期に分けられることがあります。おおよそ45歳までを成人前期、それ以降が成人後期とされます。また、老年期は、便宜的に65歳からとされています。しかし、これらの年齢は、目安にしかすぎません。年齢が進むにつれ、発達の個人差が大きくなり、多くの人がある年齢になるとなんらかの発達的な特徴が出現するという明確な年齢がなくなるからです。

(3) ライフサイクル

　人間の発達は、誕生して子どもからおとなになる、結婚して子どもを育てる、死を迎える、といったように、受精から死まで誰もがおおよそ共通した過程をたどります。そして、その子どもたちがまた同じように、成長－生殖－死という同じサイクルをくり返していくことになります。このように、生まれてから死ぬまでの一定の変化をくり返すことをエリクソン (p139) は、**ライフサイクル**と呼んでいます。

　みなさんも、保育者となり、子どもの成長を見守り支援するだけでなく、自分自身も保育者としてまた1人の人間として、生涯にわたって発達し、成長していくことが大切です。

　　　　　　　　　　　　　　　　　　　　　　　　　　　　（若尾　良徳）

このテキストの読み方

　このテキストは、**子どもに関するエピソードと解説**と**総合解説**という構成になっています。

　前半の子どもに関するエピソードと解説では、保育者を目指す直子さんの書いたエピソードで始まります。直子さんは、姪のけいちゃんや、保育園、幼稚園、施設の子どもたちとの関わりのなかで気づいたこと、気になったことを保育エピソードとして記録しています。それらのエピソードに対して、「先生」が、発達心理学の視点からどのように考えることができるかを解説やアドバイスをするという形式になっています。

　子どもに関するエピソードと解説は、1つのテーマにつき見開き2頁になっており、全部で50のテーマを取り上げています。また、直子さんの成長に合わせて2部に分かれています。

　第1部（保育エピソード1〜23）は、高校生の直子さんが、姉の妊娠、姪のけいちゃんの誕生と成長を間近で見て、子どもの発達のおもしろさや不思議さを感じて書いたエピソードです。

　第2部（保育エピソード24〜50）は、保育者を目指し、短大の幼児教育科に入学した直子さんが、幼稚園や保育園、施設などでの子どもたちとの関わりのなかで、さまざまな気づきや感想を書いたエピソードです。

　総合解説では、エピソードとその解説では十分に取り上げられなかった発達の原理や理論について詳しく解説するとともに、発達の障がいについても解説しています。

　直子さんは、けいちゃんとの関わり、実習などでの経験を通して保育者へと成長していきます。発達心理学を学ぶ皆さんも、けいちゃんと一緒に成長していって欲しいと思います。

エピソード索引

本書のエピソードを、おおよその月齢・年齢でわけて分類・配置した表です。カッコのなかの番号はエピソードの番号を指しています。

発達の区分 (p12)	胎児期	誕生～3ヶ月	3ヶ月～6ヶ月	6ヶ月～8ヶ月	8ヶ月～1歳	1歳～1歳半
ピアジェの発達段階 (p134)	胎児期	感覚運動期 (ep19)		引込期(最初の1ヵ月を新生児期)		幼児期(～7歳)
フロイトの発達段階 (p138)				口唇期		
エリクソンの発達段階 (p140)			信頼 vs. 不信			自律性 vs. 恥・疑惑(～3歳)
領域: 知覚・認知	感覚器官の完成 (ep1)	0.01程度の視力 (ep3) 特定の図形・声の好み (ep6)	0.1～0.2程度の視力 (ep3)	対象の永続性の獲得 (ep10)		
領域: 人間関係	人の声への高い反応性 (ep1)	人の顔、声への好み (ep5) 基本的感情 (ep4, 6) 生まれつきの気分の違い (ep30) 新生児模倣 (ep7)	社会的微笑 (ep4)	人見知り (ep6, 16)	社会的参照の出現 (ep15) 愛着の形成、安全基地行動 (ep18) 共同注意・三項関係 (ep12)	ひとり遊び (ep24)
領域: 自己	言語への高い反応性 (ep1)	クーイング (ep9)	自我の芽生え (ep8)			
領域: ことば			不完全喃語 (ep9)	喃語 (ep9)	共同注意・三項関係 (ep12)	はじめてのことば(初語) (ep17) 一語文 (ep20)
領域: 身体・運動	身体の完成、胎型 (ep1) 第一次性徴による性別の分化 (ep47)	原始反射 (ep2) 生理的早産 (ep4) 赤ちゃんらしい体型(ベビーシェマ) (ep4) 生理的微笑 (ep4)	首がすわる (ep13) 支えられて座る (ep13) 手のひら全体で物をつかむ (ep11,14)		つかまり立ち (ep13) ハイハイをする (ep13,15) 指と手のひらで物をつかむ (ep14) 親指と人差し指を使って物をつまむ (ep14)	立って歩く (ep13)

16

発達の区分 (p12)	1歳半〜2歳	2歳〜3歳	3歳〜4歳	4歳〜	7歳〜	12歳〜成人
ピアジェの発達段階 (p134)	感覚運動期	幼児期	前操作期 (ep29)		児童期 具体的操作期	青年期(前半に思春期) 形式的操作期
フロイトの発達段階 (p138)	肛門期		男根期		潜伏期	性器期
エリクソンの発達段階 (p140)	自律性 vs. 恥・疑惑		自主性 vs. 罪悪感		勤勉性 vs. 劣等感	青年期:同一性 vs. 同一性拡散 成人前期:親密 vs. 孤立 成人期:世代性 vs. 自己陶酔 老年期:統合性 vs. 絶望
領域 知覚・認知	象徴機能の発達(見立て) (ep7, 22, 25, 26)	思考の自己中心性 (ep27)	1.0程度の視力 (ep3) 幼児期健忘 (ep49)	心の理論の発達 (ep33)	保存の概念の獲得 (ep29)	抽象的思考の発達 (ep48, 50)
人間関係		平行遊び (ep24) 傍観者的行動 (ep24) 連合遊び (ep24)	協同遊び (ep24)	他者の信念の理解 (ep33)	ギャングエイジ (ep46) ハープロブレム (ep42)	親からの心理的な自立・独立(心理的離乳) (ep47) 異性への関心 (ep47)
自己	客体的自己の芽生え (ep22) 第一次反抗期 (ep23, 48)					第二次反抗期 (ep48) アイデンティティの確立 (ep50)
ことば	二語文・多語文 (ep20)	命名期・語彙爆発 (ep32)	質問期 (ep32) 自己中心語の出現、外言から内言へ (ep31)		二次的ことばの発達 (ep34)	
身体・運動						第二次性徴による性的成熟 (ep47)

1 妊娠・胎児期：胎内でも聞こえる母親の声

ちゃんと聞こえているのかな……？

　お姉ちゃんが待望の妊娠をしてとうとう9ヵ月になり、おなかもすごく大きくなり、はちきれそうです。お姉ちゃんは、おなかが大きくなって、あまり食べられないし、胃がむかむかすると言っていました。

　入院の準備をしていると、お姉ちゃんはちょっと動いただけで息を切らしていました。「お姉ちゃん、大丈夫……？」と心配して話しかけても、「今は体が重くてつらいけど、もう少しだからママもがんばるから、けいちゃんもがんばろうねー」と言って、私じゃなくて、おなかのなかのけいちゃんにしきりに答えたりしています。

　「そんなに話しかけても、まだわからないんじゃないの？」と私が言っても、「そんなことないわよねー。ちゃんと聞こえているわよねー、けいちゃん」と、またおなかのけいちゃんに話しかけて、なんだかなーという感じです。

　無事に生まれるのか少し心配だけど、お姉ちゃんもけいちゃんも元気だし、すごく幸せそうなので、ひと安心です。

　私も早くけいちゃんに会いたいな～。

解　　説

　子どもの経験とは、何も生まれてからばかりではありません。直子さんは、お姉ちゃんがお腹の赤ちゃんに話しかけるのを見て、おかしく感じていましたが、お腹のなかのけいちゃんは、すでに声が聞こえているし、いろいろな経験をしているのです。

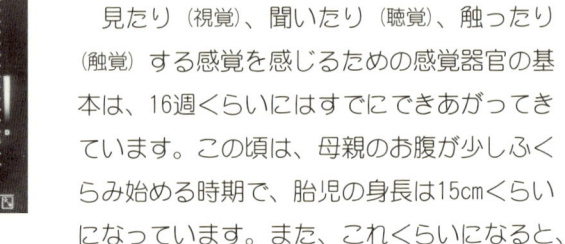

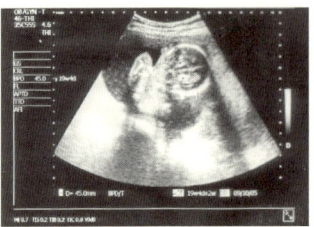

　見たり（視覚）、聞いたり（聴覚）、触ったり（触覚）する感覚を感じるための感覚器官の基本は、16週くらいにはすでにできあがってきています。この頃は、母親のお腹が少しふくらみ始める時期で、胎児の身長は15cmくらいになっています。また、これくらいになると、

20週の胎児のエコー

超音波検査などで、指しゃぶりをしている姿も見られるようになってきますし、そろそろお母さんは**胎動**（胎児の動き）を感じるかもしれません。胎動を感じることは、母親が妊娠を実感し、自分が母親になることを実感できることの一つです。このように子どもは、生まれる前のお母さんのお腹のなかで、感覚器官を通じて、さまざまな経験をしながら成長しているのです。
　直子さんが疑問に感じていた声が聞こえるのかということについては、30週くらいになれば、**聴覚野**（聴覚に関連した中枢神経系）はほぼ完成しているようなので、音が聞こえるしくみはできているといえます。その証拠に、生後1日の新生児は、男性の声よりも女性の声によく反応し、また女性の声のなかでも母親の声によく反応することがわかっています。生後1日の子どもが、声を聞き分けるというのは、胎内で母親の声を聞いていて、それを覚えているからといえるでしょう。また、生後1週間の新生児に、母親の声、父親の声、3歳から4歳の子どもの声を聞かせてみたところ、母親の声を聞かせた時だけ赤ちゃんの心拍数はゆっくりになっていくことがわかっています。それだけ聞きなれた母親の声には、子どもを落ち着かせるという効果があるということにもなります。さらに、誰の声か聞き分けられるだけでなく、出生後数日の新生児でも、声のリズムなどから母国語（日本語や英語など）を聞き分けているらしいということもわかってきています。
　このように子どもは、生まれた後の環境に早くなじめるように、すでに生まれる前からさまざまなことを経験し、身につけているのです。直子さんも、生まれてくるお姉ちゃんのお腹のなかの赤ちゃんにたくさん話しかければ、直子さんのことを知ってもらえて、生まれたあとにすぐに仲良くなれるかもしれませんよ。

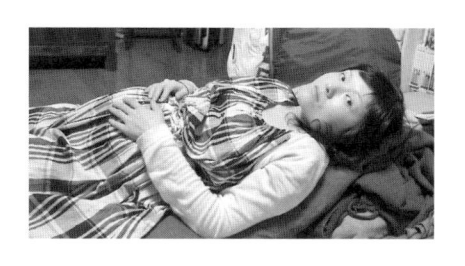

（エピソード・解説：岡部康成）

2 原始反射：赤ちゃんだけの特別な反応（0ヵ月）

けいちゃんと握手

　今朝早くに、ついにけいちゃんが生まれました。陣痛が来てから生まれるまで12時間もかかって、けっこう大変だったみたいですが、お姉ちゃんもけいちゃんもとても元気です。私が病院に着くと、もうけいちゃんはお姉ちゃんのベッドの横にある小さなベッドですやすやと眠っていて、とてもかわいかったです。生まれて間もないけいちゃんはとても小さく、目を開けているのかどうかもよくわからないし、寝ているんだか起きているんだかよくわかりませんでした。

　お姉ちゃんに、「けいちゃんにさわってごらん」と言われて、恐る恐るそっとけいちゃんのほっぺにふれると、けいちゃんは目を開け、私のことをじっと見つめてくれました。なんだかけいちゃんと心が通じたような気がして、幸せな気分になりました。

　けいちゃんの手を見て、つくづく赤ちゃんって小さいんだなあと実感しました。でも、ちゃんと5本の指に分かれていて、すごいなあと感心しました。けいちゃんの小さな指を一本一本よく見たくて、握っているけいちゃんの指と手のひらのあいだに自分の指先を入れると、けいちゃんはきゅっと私の指を握ってきてくれました。意外に強い力だったのでびっくりしたけれど、けいちゃんも私を気に入ってくれたような感じがして、すごくうれしい気分になりました。

　あと、ほっぺを指でさわってみると、けいちゃんはさわった方に顔を向けようと顔を動かしました。けいちゃんは私のことをわかってくれているみたい。けいちゃんって本当にかわいい。

解説

　直子さんはけいちゃんの反応を感じとって、けいちゃんは自分のことを特別な人としてわかってくれたみたい、気に入ってくれたみたいと思ったようですね。でも、残念ながらこのようなけいちゃんの反応は、けいちゃんの意思とは関係なく相手が誰でも同じように起こります。生まれて間もない赤ちゃんには、おとなにはないある特別な反射機能が備わっているのです。**反射**というのは、大きな音を突然聞かされた時に、身体をびくっと緊張させたり、椅子に座って

いる時に膝の下あたりを叩くと勝手に足が動いてしまうような、意識せずに起こる身体の反応のことです。

　反射のなかでも、赤ちゃんのあいだだけ備わっている特別な反射のことを**原始反射**と呼びます。けいちゃんが示したような、手のひらを刺激すると何かをつかもうとするように手を握りしめる**把握反射**、ほほや口元に何かがふれると、ふれたものを唇で探そうとするように顔をそちらの方に向ける**口唇探索反射**などがその例です。原始反射にはそのほかにもさまざまなものがあり、それぞれの原始反射によって、始まる時期、終わる時期が異なりますが、およそ生後4ヵ月から12ヵ月くらいまでのうちに原始反射は消えていきます。

　原始反射がなぜ起こるのか明らかになっているわけではありません。おそらく、生命維持のために、生まれながらに備わっているのではないかと考えられています。たとえば、口唇探索反射によって、授乳の際にお母さんが赤ちゃんの口に乳首をくわえさせてあげなくても、赤ちゃんのほほや口元に乳首がふれれば、赤ちゃんの方から唇をおっぱいに向けるという反応が起こります。さらに、唇に乳首がふれると舌や唇を使って吸い込もうとする**吸啜反射**（吸い込み反射）が起こり、生きるために必要な栄養を取り入れることができます。そして、赤ちゃんが離乳食などのほかの栄養源から栄養を取り入れられるくらい成長すると、このような原始反射は消えていく、ということになります。

　けいちゃんに原始反射が見られるのは今のうちだけです。直子さんもけいちゃんの原始反射をいろいろと試してみるとよいかもしれませんね。

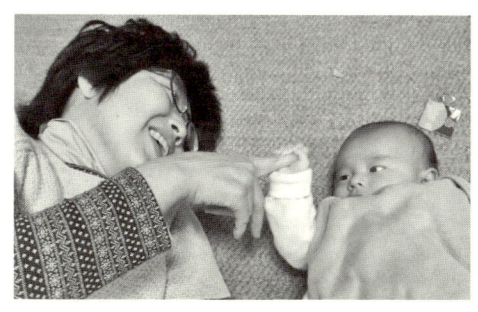

（エピソード・解説：齋藤慶典）

＊ (2) 原始反射：赤ちゃんだけの特別な反応 ＊

3 視覚の発達：赤ちゃんの視力（0ヵ月）

どこ見てるのかな？

　今日も、入院中のお姉ちゃんとけいちゃんに会いに病院に行きました。そして、今日、はじめてけいちゃんを抱っこさせてもらいました。「まだ首が据わっていないから、注意してね」と言われて、緊張しながらけいちゃんをお姉ちゃんから受け取りました。けいちゃんは、とっても小さくて軽くてびっくりしましたが、とってもかわいくて、幸せな気分でいっぱいで、なんだか私がお母さんになった気分がしました。
　抱っこしているあいだ、けいちゃんはずっと同じところを眺めていました。「どこを見ているのかなー」と、けいちゃんが見ている方角を見ると、廊下へ出る扉があるだけです。面白いなぁーと思って、抱っこしながら動いたり、向きを変えたりしても、やっぱりその扉が目に入るとその扉を眺めていて、どうもその扉がお気に入りらしいです。何が楽しいんだか。やっぱり赤ちゃんの考えていることって、よくわからないなー。でも、まだ生まれたばかりだから、ちゃんと見えているのかなぁーと疑問に思いました。

解　説

　直子さんが疑問に思ったように、生まれたばかりの赤ちゃんは目が見えていないと思っている人も多いようですが、実際は生まれてすぐに目が見えていますし、生まれる前の胎児の時から見えていることがわかっています。早期産児（在胎日数が40週よりも短く出生した子ども）を対象とした実験では、妊娠8ヵ月以降の胎児にはもうすでに視覚機能が備わっていることが示されています。
　では、生まれたばかりの赤ちゃんは、どれくらい見えているのでしょうか？
　大人の場合には、アルファベットのCのような円（これをランドルト環といいます）の切れ目がどちらを向いているかたずねて視力を測定しますが、まだことばがわからない子どもにはこの方法は使えません。そこで、赤ちゃんの視力を測るために、**選好注視法**という方法を使ったりします。
　赤ちゃんには特定の特徴をもつ図形（直線よりも曲線を含んだ図形や複雑で細かな図形）を好んで見るという傾向があります（これを選好注視といいます）。選好注視

法とは、この傾向を使って視力を測定する方法です。おとながランドルト環の向きがわかるということは、切れ目の部分を黒・白・黒と区別できるということです。もし、この区別ができなければ、絵の具で黒と白を混ぜたように灰色に見えます。そこで、選好注視法では下の図のようなものを赤ちゃんに見せます。もし白黒を区別して縞模様のように見えていれば、縞模様の方が複雑なので、そちらを長く見ますし、もし区別できていないなら、そちらを長く見たりしません。こうやって、どこまで細かな縞模様が区別できるのかを測定します。

選好注視
①の図を見せ、右側を縞模様が乳幼児に見えれば、右側を見ます。さらに
②の図を見せ、左が縞模様に見えれば、左側を見ます。

　このような方法で測定すると、生まれて間もない時期の赤ちゃんの視力はおそらく0.01から0.02くらいだということがわかっています。その後は、どんどん視力は高まっていき、3ヵ月から半年くらいで0.1から0.2くらいになります。大人と同じように1.0くらいになるのは、だいたい3歳から4歳くらいです。

　一方、色の違いはいつごろからわかるか（**色覚**）といえば、生まれて間もない時期からわかっているようです。人間の目には、赤と緑と青の光にそれぞれ反応する細胞があり、これらが混色してさまざまな色を感じています。生後8週目くらいまでは、青色に対する細胞は未成熟なのであまりうまく見ることができませんが、赤と緑は生まれた時から、区別して見ているようです。

　もし、直子さんが眼鏡をしているのなら、今度、けいちゃんがどこかをじっと見ていたら、直子さんも眼鏡をはずして同じ方向を見ると、けいちゃんが見ている世界と似た世界を実感できるかもしれません。

（エピソード・解説：岡部康成）

4 赤ちゃんの能力：赤ちゃんはなぜかわいい？（0ヵ月）

けいちゃんの退院

　今日、ついにお姉ちゃんが退院しました。家のなかで見ると、けいちゃんは病院で見た時以上に小さく感じて、かわいらしさが倍増しました。よく見ると、体のわりに頭が大きくて、まるでお人形さんみたいです。抱っこしながら話しかけると、大きな目で私の顔をじっと見つめてきて、とてもうれしくなりました。
　午後に、お風呂に入れるのを手伝いました。けいちゃんの体は、ほんとうに小さくて頼りなくて、私が守ってあげなきゃという気になって、まるで母親の気分です。そして、けいちゃんをベットで寝かせている時、けいちゃんの寝顔をじっと見ていると、けいちゃんは、ほんの一瞬だけでしたがにっこりとほほえみました。それはそれは天使のようにかわいい笑顔でした。きっと楽しい夢でもみていることだと思いました。
　しばらくして、目が覚めると、急に泣き出したので、お腹がすいているに違いないと思いミルクを飲ませようとしたものの、ミルクは飲まないし、おむつも濡れていないし、泣き止む様子もなく、どうしていいのか困惑しました。結局、お姉ちゃんが抱っこしてしばらく揺すっていると、泣きやんだので、抱っこして欲しかったようでした。私には、まだまだ、お勉強が必要みたいですが、いつか、けいちゃんの気持ちがばっちりわかるようになりたいです。

解　説

　直子さんが感じたように、赤ちゃんは本当にかわいいですね。赤ちゃんは、体のわりに大きな頭、丸い顔、大きく黒目がちな目、丸くてずんぐりした体型をしています。このような赤ちゃんがもっている姿や体つきを、**ベビーシェマ**といいます。このようなかわいらしい姿は、人間の赤ちゃんが生きていくために備わった能力の1つです。
　人間は、ほかの多くの動物に比べて、とても未熟な状態で生まれてきます。たとえば、馬や牛の赤ちゃんは、生まれて数時間のうちに、自分の足で立って、お母さんのおっぱいを飲むことができますよね。サルの赤ちゃんだと、自分の力でお母さんにしがみつくことができます。それに比べて、人間の赤ちゃんは、

24　＊　第1部　けいちゃんの誕生から2歳半まで　＊

自分で立つことも、しがみつくこともできません。まわりに世話をしてくれるおとながいなければ、あっという間に死んでしまいます。このように、ふつうに生まれた赤ちゃんでも、ほかの動物に比べると非常に未熟な状態であることを、ポルトマンという学者は、**生理的早産**といっています。

　かわいらしく頼りない姿というのは、未熟な状態で生まれてくる赤ちゃんが、まわりの大人を引きつける能力ということができます。直子さんがそう感じたようにかわいい姿や弱々しい姿をしていた方が、おとなは世話をしたいと思うからです。

　また、見つめるということも、赤ちゃんの能力です。人間の赤ちゃんは、ある特徴のある図形を好んでみる傾向がありますが（「視覚の発達」p22参照）、なかでも人の顔を見るのが好きです。私たちおとなは、赤ちゃんに見つめられると、とてもうれしくて、赤ちゃんに話しかけたりしますよね。赤ちゃんは、見つめることで、まわりからの注目を集めているのです。

　さらに、下線にあるよう、赤ちゃんは寝ている時に、にっこりと笑うことがあります。これは**生理的微笑**といわれるもので、ほんとうに笑っているというより、自然な反応です。ちょっと残念な気がしますが、3ヵ月もたてば、ほんとうに楽しくて笑う**社会的微笑**を見せてくれますよ。

　人間の赤ちゃんは、体はとても未熟ですが、周囲のおとなの関心を集め、世話を引き出す能力をたくさんもっているといえます。赤ちゃんと接する時には、話しかけたり、抱っこしたりして、できるだけたくさん関わってあげるといいですよ。

〔エピソード・解説：若尾良徳〕

5 感情の発達：生まれつきの基本的感情（0ヵ月）

喜んだり、怒ったり、泣いたりで……

けいちゃんに会いにお姉ちゃんの家に行くと、ちょうど授乳中でした。おっぱいをあげているお姉ちゃんの顔は、まさにお母さんという感じで本当に幸せそうでした。その表情を見ていると、私も幸せな気持ちでいっぱいになります。しばらく母乳を飲ませた後、お姉ちゃんが私に、「授乳してみる？」といいました。もちろん、授乳といっても、私は母乳を出せないから、ほ乳瓶であげるんですが、抱っこしてほ乳瓶を口に入れても、けいちゃんはうまく飲めなかったみたいで、ちょっとぐずりながら怒ってしまいました。普段は母乳を飲んでいるから、ほ乳瓶に慣れていないようです。ほ乳瓶の向きを変えたり、ほ乳瓶を出し入れすると、やっとほ乳瓶からミルクを飲み始めてくれました。なかなか大変だけど、赤ちゃんにミルクをあげるのがはじめてだったし、お母さん気分を味わえて貴重な体験でした。

その後、けいちゃんをベッドで寝かせたものの、しばらくして泣き出しました。けいちゃんの泣き顔は、顔をぐしゃぐしゃにしてすごく悲しそうな表情だけど、それはそれでとてもかわいいです。どうも、うんちが出て、気持ち悪かったらしく、おむつを替えてあげると、すぐに泣き止みました。

赤ちゃんって、喜んだり、怒ったり、泣いたりで、すこし疲れましたが、子育ての大変さも少しわかったような気がします。それに、すぐにおむつに気がついたし私も少しけいちゃんの気持ちがわかるようになったみたいで、少し成長したのかもしれません。

解説

直子さんが、「赤ちゃんは、喜んだり、怒ったり、泣いたり」と感じたように、生まれたばかりの赤ちゃんでも、いくつかの感情があるといわれています。このような生まれつきもっている感情を、**基本的感情**といいます。

基本的感情がいくつあるのかは、さまざまな考え方があります。ルイスという学者は、満足、苦痛、興味の3つの基本的感情があると考えました。それに対して、イザードという学者は、興味、喜び、嫌悪、苦痛、悲しみ、怒り、驚き、恐怖の8つの基本的感情があると考えました。けいちゃんは、おっぱいを

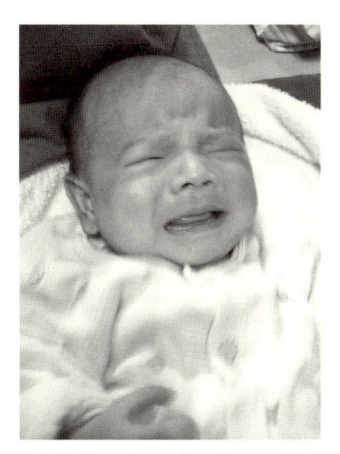

ぐずって苦痛の表情を浮べる乳児 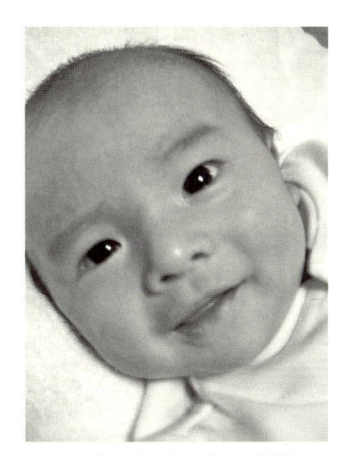　　　人の顔を見て興味津々の乳児

　飲んでいる時には、満足や喜びの感情を感じていたのでしょうし、おむつが汚れた時には、苦痛を感じていたのでしょう。
　では、なぜ感情が生まれつきあるのでしょうか？　それは自分の身のまわりのことができず、何も話せない赤ちゃんにとって（「赤ちゃんの能力」p24参照）、感情は自分の状態を相手に伝えるための重要なコミュニケーション手段だからです。けいちゃんは、うんちが出ておむつが汚れた時に、悲しそうな表情を浮かべて泣き出しました。すると、お母さんや直子さんは、けいちゃんの苦痛を理解して、おむつを替えてくれました。この時、もし表情や泣き声で苦痛を表現しなかったら、けいちゃんはいつまでもおむつを変えてもらえずに、おしりがかぶれてしまったかもしれません。ほ乳瓶でミルクをあげた時には、直子さんはけいちゃんの表情を見て、満足そうな顔をするまでほ乳瓶の位置を調整していました。けいちゃんは、「この位置が飲みやすいよ」と言えない代わりに、苦痛の表情や満足の表情でそれを伝えていたのです。
　このように、赤ちゃんの表情や泣き声には、赤ちゃんから周囲のおとなへのメッセージが込められているのです。赤ちゃんと接する時には、このようなメッセージを注意深く観察して、理解してあげましょう。

（エピソード・解説：若尾良徳）

＊（5）感情の発達：生まれつきの基本的感情　＊

6 顔の知覚：赤ちゃんは顔が好き（2週）

けいちゃんとにらめっこ

お姉ちゃんのお家で、夕食にカレーライスをご馳走してもらいました。やっぱりお姉ちゃんのカレーライスはとてもおいしいです。

お姉ちゃんが夕食の準備をしているあいだ、私がけいちゃんをずっと抱っこしていました。けいちゃんが生まれて2週間が経ち、私も少し慣れてきたのか、私が抱っこしてもぜんぜん泣かないでいてくれます。抱っこされているあいだ、けいちゃんは、ずっと私の顔を眺めていて、たまに笑いかけてきます。私も、そんなけいちゃんがかわいいので、ずっとけいちゃんを眺めていました。

その姿を見たお姉ちゃんに、「何をニヤニヤして、にらめっこでもしてんの？」と言われてしまいました。きっと、私もかわいいけいちゃんを見て、知らず知らずのうちに笑っていたのでしょう。その様子が、お姉ちゃんには、にらめっこでもしてるように見えたんでしょう。

これだけ見つめ合えば、けいちゃんは、私のこと、ちゃんと覚えてくれたかなー。

解　説

さまざまな実験から、実は、生まれたばかりの新生児でも、ちゃんと顔がわかっていると考えられています。もちろん、新生児が見たものを理解できるのか（ものを理解することを**認知**といいます）について、何が見えたと聞いても答えてくれるわけではありません。では、なぜそんなことがわかるのでしょうか？

そこで**選好注視**（「視覚の発達」p22参照）という特徴を使うわけです。ファンツという研究者は、生後5日以内と生後2～6ヵ月

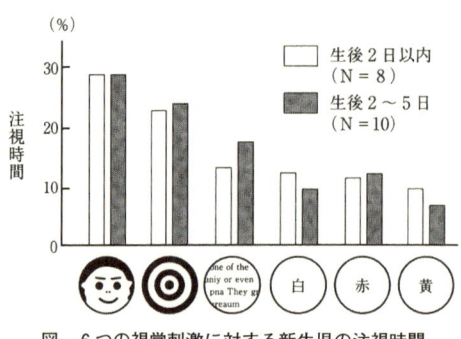

図　6つの視覚刺激に対する新生児の注視時間
(Fantz, 1961)

＊　第1部　けいちゃんの誕生から2歳半まで　＊

の新生児や乳児に、図のような絵を見せどれくらいの時間見るのかということを調べました。すると、新生児であっても顔の絵をたくさん見ることがわかりました（「赤ちゃんの能力」p24参照）。つまり、それだけ顔を見たがるということです。

ただし、見たがることと、見えていることは別で、ものをきちんと見るためには、ピントが大切になります。おとなは、眼球にある水晶体の厚さを調整して、ピントを合わせます。しかし、新生児にはこの調節ができず、新生児のピントは、だいたい25cmから30cmあたりに固定されています。つまり、その距離以外のものはすべてピンボケになっています。

これは、新生児の目が未熟だということではなく、そこには重要な意味があります。新生児にとってピントの合う距離とは、母親が母乳をあげるために抱いている時のお母さんの顔の距離だと考えられています。つまり、新生児の目は、生き抜くために重要な栄養を与えてくれる人の顔を見るようにできているということです。その証拠に、新生児が母乳を飲んでいる時、途中で休んで、顔色でもうかがうように母親の顔をじっと見ることがあります。このような行動は、人間だけにみられる特徴です。それだけ人間は、生まれながらにして人間関係を重視し、自分にとって大事な人を判断できるようにできていると考えられているのです。

その後6ヵ月くらいになると、子どももピントの調整がかなりできるようになります。その頃は、ちょうど「**人見知り**」（「人見知り」p48参照）が始まる時期です。この人見知りという現象も、見方を変えると、ほかの人と母親を区別していることであり、子どもの視力がちゃんと発達してきた証拠ともいえるのです。

直子さんもけいちゃんに自分の顔を覚えてほしいと思えば、けいちゃんの顔から30cmくらいのところに自分の顔をもっていくことが大事だと思いますよ。

（エピソード・解説：岡部康成）

＊ (6) 顔の知覚：赤ちゃんは顔が好き ＊

7 模倣：新生児がマネをする！？（１ヵ月）

けいちゃんがマネをした!?

　今日もけいちゃんに会いに、お姉ちゃんの家に遊びに行きました。けいちゃんを抱っこしながら、「けいちゃん、こんにちは。直子おばちゃんだよ」「今日もいっぱいおっぱいを飲んだかな？」とか、いろいろ話しかけました。話しかけていると、けいちゃんが私の顔を見ながら、口をぱくぱくと動かしているので、まだお腹がすいているのかなと思ったので、お姉ちゃんに「けいちゃんおなかがすいているんじゃないの？」と聞くと、「もう十分に飲んだはずだけど……」という返事でした。ずいぶんけいちゃんと遊んで、けいちゃんのことがわかるようになったと思ったけれど、まだまだけいちゃんの気持ちはわからないみたいです。
　その後、けいちゃんに喜んでもらいたくて、今度は、けいちゃんの前でいろいろな顔をしてみました。怒った顔や悲しそうな顔、うれしそうな顔をしたり、唇を突き出してタコの真似をしたり、舌を出して「あっかんべー」ってやったりしました。何度か、「あっかんべー」をやっている時、けいちゃんが、私と同じように、口を開いて舌をちょっと出しました。
　その話を友だちに話したら、「そんなはずないよ〜。まだ、一ヵ月なんでしょ。親バカみたい」とちゃかされたけれど、絶対にあれは、けいちゃんが私のマネしているに違いない。私は、けいちゃんは、すごく賢いに違いないと感じてしまいますが、友だちが言うように叔母バカなのかな……。

● ● ● ● ● ● ●

解　説

　直子さん、なかなかいいところに気がつきましたね。その通り、生まれて間もない赤ちゃんでも、他人のマネをするのです。直子さんがけいちゃんにやったように、生まれたばかりの赤ちゃんの目の前で、口を開け閉めしたり、舌を出したりすると、赤ちゃんは口を動かしたり、舌を出したりします。これは、**新生児模倣**とか**共鳴動作**と呼ばれます。直子さんが話しかけている時に、けいちゃんが口をぱくぱくさせていたのは、お腹がすいていたのではなく、実は直子さんの真似をしていたのですね。また、直子さんが「あっかんべー」と舌を

*　第１部　けいちゃんの誕生から２歳半まで　*

出した時にも、けいちゃんは真似して舌を出していましたね。

　新生児模倣は、生まれたばかりの乳児がもっている、人と関わろうとする能力、コミュニケーション能力の1つと考えられています。人間の赤ちゃんは、かわいらしい体つきや豊かな感情表現、人の顔への好みに加えて、新生児模倣のような人に対する高い反応性といった多くの社会的な能力をもって生まれてくるのです（「赤ちゃんの能力」p24参照）。

　ただし、新生児模倣は反射のような自然な反応であり、意図しないで起こる動作であって、もう少し大きくなってからの本当の**模倣**とは違っています。けいちゃんは、目の前の直子さんの口が、自分の口と同じものであり、それを開け閉めすれば同じ動きになるということを理解しているわけではありません。本当の模倣が、つまり、目の前の相手の動きを理解して、それを自分の身体の部分に対応させて、同じ動きを真似るということができるようになるのは、9ヵ月過ぎくらいです。

　さらに、2歳を過ぎると、**延滞模倣**といって、模倣する対象が目の前にいなくなっても、後から模倣することができるようになります。たとえば、保育園で、目の前にいないお母さんの真似をしてご飯を作る遊びなどがそれにあたります。延滞模倣ができるようになるには、人や物を頭のなかでイメージする能力、**象徴機能**の発達があります（「象徴機能」p66参照）。

　赤ちゃんが生まれつきもっている能力を生かせるように、できるだけ関わってあげることが大切なことです。

（エピソード・解説：若尾良徳）

8 自己意識の発達①：ハンドリガード（3ヵ月）

食べられないよ……

お姉ちゃんが、3ヵ月になったばかりのけいちゃんを連れて、家に泊まりに来ました。
　過ごしやすい季節だったので、お風呂あがりにけいちゃんは少し薄着でいました。その時けいちゃんは動きやすいからか、手足をバタバタさせていたかと思うと、そのうち寝そべったまま自分の足を持ち上げて、顔の近くにグイッと持ってきました。そして、けいちゃんは自分の足の親指を口に入れてベロベロとなめ始めました。私はその様子を見て、『すごいなー』と感心してしまいました。ひとしきり足の指をベロベロとなめ終えると、今度は手の指をベロベロとなめ始めました。そして今度は、手をグーにしてずーっと眺めています。そのままガブッと食べてモグモグ、つがつがと口に入れてしまいました。ちょっと大きすぎたのか、途中でオエッとなって手を口から出していました。私はあわてて背中をトントンしてあげました。けいちゃんはそんな私には目もくれず、また自分の手をグーにしたまま、手をクルクル回して手の表と裏をジーっと不思議そうな顔で見つめていました。
　さっきミルクをもらったばかりなのに、そんなにおなかが空いているかなぁーと思いました。いくらおなかが空いていても、手は食べられないよ、けいちゃん。

解説

　けいちゃんが指をなめたり、口に入れたりしたのは、お腹が空いているからではありません。赤ちゃんは、3ヵ月くらいになると、片手のこぶしを目の前にもってきてじっと眺めたり、両手を絡み合わせてみたり、その手を近づけたり遠くに離したり、口に入れてみたりという行動をするようになります。これは、**ハンドリガード**といわれ、赤ちゃんが自分の身体に気づき、確認をしている行動であり、**自己意識**の芽生えといえます（「自己意識の発達②」p60参照）。
　心理学的にいえば、自己とは、自分の行動をコントロールする主体としての自分（**主体的自己**）と、対象物としての自分（**客体的自己**）の2つがあります。自己の芽生えの第一歩が、自分自身の身体への気づきです。おとなになってしまえば、自分の身体がどこまでなのかということは当たり前かもしれません。し

かし、生まれたばかりの赤ちゃんにとってそもそも自分の身体がどこまでなのかということはわからないのです。赤ちゃんは、ハンドリガードなどを通じて、自分の身体に気がついていきます。たとえば、自分の指を口でなめている時、口にはなめているという感覚があり、指先にはなめられているという感覚があります。また、左右の手を組んでいる時、それぞれの手にさわっている感覚とさわられている感覚があります。しかし、何かおもちゃのようなものをつかんでいる時は、手にさわっているという感覚はあっても、さわられているという感覚は生まれません。このようなさわるという感覚とさわられる感覚の違いから、赤ちゃんは、手の指先が自分の横方向の境界で、足の指先やかかとが縦方向の境界だということに気づいていきます。

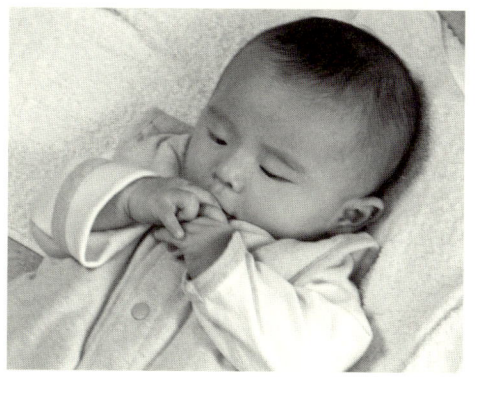

　けいちゃんの行っていた、手を眺める、指をしゃぶる、手を組むなどの行動には、意味がないようにみえるかもしれませんが、けいちゃんは、その行動を通じて自分というものに気づき、確認をしているのです。直子さんも、今度から、そういう視点で、けいちゃんのハンドリガードを観察してみましょう。

　　　　　　　　（エピソード：齋藤雅英、解説：岡部康成）

＊ (8) 自己意識の発達①：ハンドリガード ＊　　*33*

9 ことばの発達①：クーイングから喃語へ（4ヵ月）

赤ちゃんとおしゃべりできるの？

　けいちゃんも、もう4ヵ月になります。赤ちゃんって日々変化していて、とても面白いです。けいちゃんは、最近では、寝ころがったまま、「あおー」「うー」みたいな声を出している時があります。よく聞くと、「あ」と「お」と「う」が全部まざったみたいな音だったりして、なんとも微妙な発音で、知らず知らずのうちにこっちがマネしてしまいます。それを見たお姉ちゃんには、「何やってるの〜？」と笑われてしまいました。

　でも、お姉ちゃんも似たようなもので、けいちゃんが「あうおー」と言ったら、「そうなの〜。直子おばちゃんとお話してたの〜」とニコニコして返事をしています。えぇー、何も意味のあること言ってないのに返事するの〜？　と、内心、お姉ちゃんの方こそ、何やっているの〜という感じがしました。

　でも、「あらそう〜。よかったね〜」とか、「えっ、ほんと？　ママ知らなかったわ〜」とか適当に返事してるのを見ていると、それはそれでけいちゃんもじっとお姉ちゃんを見ていて、何かわかってるのかも？　と思えてくるから、赤ちゃんって不思議です。

　そうこうして、お姉ちゃんと2人でしばらくかまっていたら、けいちゃんたら、突然「ぶぶぶぶぶ〜」と音を立てて口から大量の泡を吹き出しました。私とお姉ちゃんはびっくりして、一瞬の間があいた後、2人して大爆笑してしまいました。私たちが大爆笑しているのを見て、今度はけいちゃんもきゃっきゃと大笑いしました。まだ、笑い方も不器用でちょっとしゃっくりみたいな笑い方だけど、それがまたかわいい！

　また、3人で大爆笑しようね。

解説

　赤ちゃんは、生まれた直後から、表情や泣き声などを使ってまわりの世界とコミュニケーションをとっています（「感情の発達」p26参照）。生まれて数週間経つと、目覚めていて落ち着いている時間に、泣き声ではない「クー」というような声を出すことがあります。これを「**クーイング**」といいます。3ヵ月くらい経つと、けいちゃんのようにさらにはっきりとした「アー」「ウーアー」のような声を出すようになり（**不完全喃語**）、6ヵ月ころには「まんまん」のよう

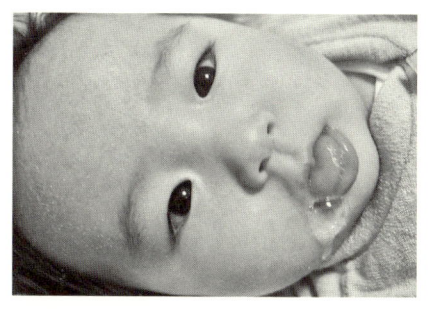

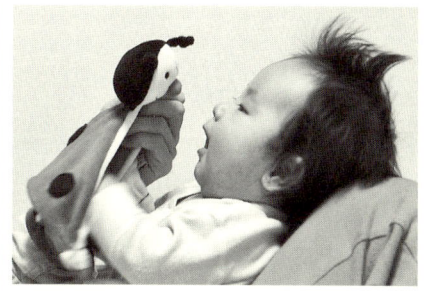

なことばらしいリズムの発声（喃語）を発するようになります。

　けいちゃんは不完全喃語を発していたと思ったら泡を吹いてしまいましたが、この頃の赤ちゃんは、ことばに使う身体の器官を使って遊ぶことで、さまざまな音の出し方を試行錯誤している状態だといえます。思い通りに声を出すということは、私たちおとなは何気なくやっていますが、実はたいへん複雑な作業です。思い通りに声を出すためには、肺からの息をちょうどいい分量だけ口から出す、声帯を震わせる、のどの奥で響かせる、口や舌や唇の形をこまめに調整するなどが必要になります。ことばを話せるようになるには、ことばの意味を理解すると同時にこれらの音声を作り出す技術も発達させなければなりません。赤ちゃんは、生まれた時から話し出すまでの約１年のあいだに、実は話すための準備をし続けているのです。

　おとなは、そんな努力家の赤ちゃんに対して何ができるでしょう？　この時期の赤ちゃんには、意図してことばを教えることは意味がありません。大事なのは、赤ちゃんと目を合わせて関わってくれる人がいること。自分が声を出したら、喜んで、なんらかの形で応えてくれる人なら最高です。赤ちゃんは喋れないので、どう関わってよいのか、最初はわからなくて当然です。でも、長い時間を共有するうちに、直子さんのように音をマネたり、お母さんのように自分なりの返事を返したりなど、相手をするコツがつかめてくるものです。自分に向かって話をしてくれる人がいることは、赤ちゃんのことばの上達にとって大事なことですから、話せない赤ちゃんにも、自分なりに関わってあげましょう。

（エピソード・解説：小沢哲史）

10 対象の永続性：見えないものは存在しない？（6ヵ月）

いないいないばあ

今日、学校の帰りにお姉ちゃんの家に行って、けいちゃんと遊びました。早いもので、けいちゃんは6ヵ月になり、以前よりも、声も反応もすごく大きくなって、けいちゃんと遊ぶのがますます楽しくなってきました。

今、けいちゃんのお気に入りの遊びは、「いないいないばあ」です。ニコニコ顔のけいちゃんに、「いない、いない」といって私が手で顔を隠すと、けいちゃんは顔を隠した手をじっと見つめてきます。そこで突然「バー！」と私が顔を出すと、けいちゃんは、すごくうれしそうに大きな声を出して笑います。その姿がかわいくって、同じように何度も何度もついつい「いないいないばぁー」をやってこしまいます。私の顔が面白いのか、はたまた声が面白いのか、それはよくわかりませんが、何度やってもいつもはじめて見るかのように大爆笑してくれます。

解　説

けいちゃんは、「いないいないばあ」をとても気に入っているようですね。いないいないばあを喜ぶようになるのは、子どもが6ヵ月を過ぎた頃からです。子どもが「いないいないばあ」で喜ぶ理由は、「ばぁー」という時の表情や声がとても変わっていて面白いということもありますが、それ以外にも、**対象の永続性**（物の永続性）といわれる認知機能の発達と密接に関係しています。対象の永続性は、ピアジェの発達理論において、**感覚運動期**（「ピアジェの発達理論①：同化と調節」p54参照）に獲得する重要な認知機能といわれています。

対象の永続性とは、物や人が自分の視野から消えてもそこにあり続けるということを理解することです。こんなことは、おとなにとっては当たり前のことのように感じますが、まだまだ幼い子どもにとっては、難しいこと

第1部　けいちゃんの誕生から2歳半まで

なのです。そのため、赤ちゃんが今見ている大好きなおもちゃをタオルなどで覆って見えないように、赤ちゃんの目の前でしたとしても、6ヵ月に満たない赤ちゃんではおもちゃを見つけることはできなくなり、興味を失いよそを向いてしまいます。つまり、対象の永続性が十分に獲得できていない赤ちゃんにとって、見えないものは存在していないということになってしまうのです。

　6ヵ月を過ぎたけいちゃんは、対象の永続性を獲得し始めており、手で隠した先に顔があることを理解し始めています。直子さんが手で顔を隠した時、けいちゃんは「手で隠したところに顔があるはず」という期待をもっています。そして、隠していた手をどけた時に直子さんの顔が出てきて、「やっぱりあった！」と喜ぶのです。

　もうしばらくして7〜8ヵ月くらいになってくると、今度は隠れたものを探す行動が見られるようになってきます。なので、同じように、「いないいないばあ」をしても、けいちゃんが隠した手をどけようとするような行動が見られるようになるかもしれません。それはけいちゃんの認知機能が発達してきている証拠です。直子さんも、そんな気持ちで遊びのなかの変化に注意をしていると、けいちゃんのこころの発達を実感することができると思いますよ。

(エピソード・解説：岡部康成)

11 発達の原理①：発達の方向性（6ヵ月）

やさしく遊ぼうよ！

けいちゃんが生まれて、半年が過ぎました。見れば見るほど、けいちゃんって本当にかわいいな、と思います。けいちゃんの体はまるまるとしていて、腕や脚もぷっくりと太いのですが、手先や足先は小さく、いかにも「赤ちゃん」という体つきをしています。けいちゃんの手や足は本当に小さくておもちゃの人形のようだけど、けいちゃんの頭は体に比べて大きく、アンバランスです。

最近、けいちゃんは少しお座りができるようになり、以前よりもいろいろなおもちゃを使って遊べるようになってきて、今まで以上にけいちゃんとの時間が楽しくなりました。でも、けいちゃんと遊ぼうと思っておもちゃを渡しても、いつもけいちゃんはまず、おもちゃを口に入れようとします。「口に入れちゃだめだよ～」といつも私は言うけど、必ずと言っていいほどけいちゃんはおもちゃを口に入れようとするのです。そして、けいちゃんは肘を伸ばし、腕を棒のようにまっすぐにしておもちゃを振ったり、床におもちゃを叩きつけるようにして遊びます。「もっとやさしく遊ぼうよ～」とけいちゃんに言ってはみるけど、おもちゃをやさしく振ったりすることは、まだけいちゃんにはできないみたいです。

解　説

　子どもの身体には、発達が早い部分と遅い部分があります。直子さんが気づいたように、赤ちゃんは手足が小さく頭が大きいというアンバランスな体型をしています（「赤ちゃんの能力」p24参照）。

　身体の発達は、まず生きるために重要な部分である頭から始まるのです。そのために、まだ発達していない首から下の部分（体幹部）と比べると、アンバランスなくらい頭が大きく見えます。その後、順番にお尻の方向に発達が進んでいきます。そして、時間が経つにつれて体幹部も発達していき、バランスがとれていきます。このように、まず人間にとって重要な頭（脳）が発達し、その後お尻の方向に向かって発達が進んでいくことを指して、**頭部－尾部勾配**といいます。人間に尾（しっぽ）はありませんが、「尾てい骨」という言葉がある

ように、お尻のほうを尾部ということがあるので、頭からお尻の方向へ発達が進むことをこのように呼びます。

　発達にはもう一つ方向性があります。頭部 - 尾部勾配を縦方向と考えると、横方向の発達の方向性です。体幹部など、身体の中心部分が先に発達し、手足の発達はその後に続いて発達していきます。これを**中心部 - 周辺部勾配**といいます。身体のわりに手足が小さい、「赤ちゃんらしい」体型はこのような発達の勾配（発達の早さの違い）によるものです。

　身体の発達と、運動・感覚の発達には強い関係があります。けいちゃんは、まずおもちゃを口に入れようとしていましたが、これは身体の中心部にある唇の感覚の方が周辺部にある指先の感覚より先に発達するからです。そのため、赤ちゃんは手でさわってよくわからないものは、口に入れて確かめようとするのです。また、けいちゃんが腕を棒のようにまっすぐにしておもちゃを振ったり叩きつけたりしていたのも、身体の中心部に近い肩、腕のほうが手首や指より先に発達するので、肩を中心に腕を振るような動きがまず出てくるのです。

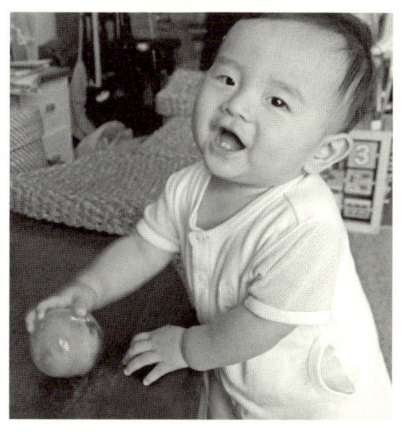

　けいちゃんももう少しすれば手首や指先を使ってやさしくおもちゃを扱うことができるようになりますよ。

（エピソード・解説：齋藤慶典）

12 共同注意：二者関係から三者関係へ（7ヵ月）

けいちゃん、こっちよ

　けいちゃんも7カ月になり、ひとりでちゃんとお座りができるようになりました。今日は、けいちゃんとお手玉で遊びました。ちゃんとしたお手玉遊びはまだできないけど、けいちゃんはお手玉を上手につかんで、ぶんぶんと振ったり、ぽーいと投げて遊んでいます。投げるといっても、手から離れちゃったという感じで、後ろに飛んでいくことのほうが多いけど。とくに、お手玉が飛んでいった時に私が「わー！」と言って大げさに驚いた顔をすると、きゃっきゃっと喜びます。

　遊んでいるうちに、お手玉がけいちゃんの取れそうなところへ落ちたので、私は、「ここにあるよ」と言いながら、落ちたお手玉を指さしました。でも、けいちゃんは、私の指をじいっと見ているままで、お手玉には気がつきません。「違うよ、ここ！」と、何度指を指しても、けいちゃんは私の指ばかり見ています。なので、指を指しながら、指している指先をお手玉にどんどん近づけていくと、指がお手玉にもうさわりそうなくらい近くまで来て、やっとけいちゃんはお手玉に気がつきました。

　指を指したら、その先を見るなんて当然のことと思っていたけど、赤ちゃんはそれができないなんて、なんだか信じられない。赤ちゃんって、ほんとうに面白いなーと思って、もっと赤ちゃんのことをいろいろ知りたくなりました。

解説

　赤ちゃんは、指した先を見ることができません。よく考えてみると、指先からレーザー光線が出ているわけでもないのに、私たちはいとも簡単に指先の延長線を想像して、その終点を探します……というよりも、しないではいられませんね。それを利用して、小学生は「あ、UFO！」と言って窓の外を指さし、「バカが見る〜」とオチをつけたりします。でも、指そのものではなくて、その見えない延長線上を見るのは、バカどころか、大いなる成長の証拠なのです。

　赤ちゃんが、指の先をたどり始めるのは、9ヵ月頃といわれています。この頃、誰かが注意を向けているものに、自分も注意を向けることができるようになります。これを**共同注意**といいます。共同注意が成立する時、赤ちゃん

は〈自分と誰か〉あるいは〈自分とモノ〉という二者の関係から、〈自分とモノと誰か〉という三者の関係(「**三項関係**」といいます)に足を踏み入れるのです。

　直子さんは「けいちゃんとお手玉で遊んだ」と言っていますが、けいちゃんにとっては、お手玉を扱っている時はお手玉のことだけを感じていて、直子さんの顔と声に反応している時は直子さんのことだけを感じ、お手玉の存在を忘れているはずです。これが、三項関係が成立した後であれば……

・わざとお手玉を投げて直子さんの反応を楽しむ
・直子さんの指摘しているお手玉を見る
・お手玉を直子さんに差し出す
・直子さんに「お手玉を取って」というように、お手玉を指さしながら直子さんを見て声を出す

　……などの行為ができるようになります。これらのことは、どれも簡単なことのように感じられますが、自分とモノと他人との三者を意識することができなければ不可能なことです。これらのことが実現すると、ぐっと、赤ちゃんと気持ちが通じたという実感が抱けるでしょう。誰かと、何かを一緒に見る、何かについて一緒に話す、というおとなから見れば当然のことが、赤ちゃんにとっては大きな成長なのです。

　けいちゃんも、もう少しすれば、本当の意味で直子さんとお手玉で遊べるようになりますよ。

(エピソード・解説：小沢哲史)

13 歩行の発達：発達の順序と個人差（9ヵ月）

ハイハイできるのはうれしいけれど……

けいちゃんが生まれてから、早いものでもう9ヵ月が経ちました。けいちゃんはハイハイができるようになってきて、「けいちゃん、おいで〜」と声をかけると、ニコニコしながら一生懸命こっちにやって来ようとします。ついこのあいだまでひとりで座るのが精一杯だったのに、ハイハイして動けるようになったことは、けいちゃんの成長を感じられてうれしい。その反面、ちょっと目を離すといなくなっていたりして、気をつけないといけないことも増えて、お姉ちゃんは大変そうです。これで歩けるようになったらもっと大変だろうなと思って、お姉ちゃんに「どれくらいで歩けるのかなあ〜」と聞いてみたら、「ハイハイができるようになったなら、あともう少しで歩けるようになるみたい。友だちの子は1歳くらいだったって言ってたよ」ということでした。

うちに帰ってからお母さんに「けいちゃん、もうすぐ歩きそうだよ」と言うと、「ずいぶん早いわね。直子は1歳4ヵ月のころだったよ」という返事が返ってきました。私はてっきりみんながみんな同じ頃に歩けるようになるものだと思っていたので、赤ちゃんによって数ヵ月も違ったりすると知ってびっくりしました。

解説

直子さんが感じたように、赤ちゃんはすぐにハイハイしたり、歩いたりできるようにはなりません。2本の足で立って歩く、つまり二足歩行ができるようになるには、生まれてから1年くらいの長い時間がかかります。二足歩行をするためには、姿勢を維持するための身体的発達や、片方の足を上げているあいだに身体のバランスをとるといった運動機能の発達など、いくつかの高度に発達した身体機能がすべてそろうことが必要だからです。

二足歩行までの発達の段階は、次のように進んでいきます。まず、生後3ヵ月くらいに**首がすわる**（頭を自分の力で支えられるようになる）ようになり、首がすわることによって、自分で寝返りがうてるようになっていきます。次に、生後4ヵ月くらいになると**支えられて座ることができる**ようになり、そして、生後7ヵ

月くらいには**ひとりで座ることができる**ようになります。その後、生後8ヵ月くらいになると**支えられると立っていられる**ようになり、生後10ヵ月くらいでやっと**ハイハイする**ようになります。そして、1歳くらいには、**家具などを使って自分で立ち上がることができる**ようになり、1歳2ヵ月くらいで**何にもつかまらずに立ち上がることができる**ようになり、ついには1歳3ヵ月くらいで**ひとりで歩ける**ようになります。

　このように二足歩行ができるようになるまでの発達の順序は基本的に変わりません。つまり、ひとりで座ることができるようになる前にハイハイができるようになる、というように順序が入れ替わることはないということです。これを**発達の順序性**といいます。歩行の発達に限らず、発達全般においてこのような発達の順序性がみられ、誰もがその順序で発達するのです。

　一方で、「何歳くらいで○○ができるようになる」と書きましたが、何歳くらいに何ができるようになるかは子どもによってかなり違います。お姉ちゃんの友だちの子どもは1歳頃には歩けるようになったのに対し、直子さんは1歳4ヵ月でした。このような発達の早さの違いを、**発達の個人差**といいます。

　自分の子どもがほかの子に比べて、歩き始めるのが遅い、話し始めるのが遅いといったような他人との違いは、多くの親を悩ます問題です。でも、ほとんどの場合は、発達の個人差であって、なんの心配もいらないことなのです。

　もしけいちゃんがまわりの子に比べて、歩き始めたり、話し始めるのが遅かったとしても、けいちゃんなりの発達だと思って焦らず見守ってあげることが大切です。

（エピソード・解説：齋藤慶典）

14 手先の運動の発達：つまむことは意外に難しい（9ヵ月）

木琴がお気に入り？

今日、お姉ちゃんの家に、私が子どもの頃に遊んでいたおもちゃを持って行きました。とりあえずは、けいちゃんが気に入りそうな小さな木琴と、小さな木の人形がカタカタと音をたててはしごを下りて行くおもちゃを持って行きました。けいちゃんは、叩くと音が出る木琴をとても気に入ったようで、ずっと飽きずに叩いています。私の一番お気に入りの、はしごを下りる人形のおもちゃも気に入ってもらおうと思って、「こうやるんだよ」とお手本を何度見せても、けいちゃんは、小さな木の人形を手で握ることはできても、指先でつまむことが難しいようで、はしごの上にうまく人形を持っていくことができません。
　思い返してみると、生まれたばかりのころのけいちゃんは、今よりももっともっと何もできませんでした。おもちゃを持たせると、けいちゃんは一生懸命おもちゃを口のほうに持って行こうとするけど、うまく口に持って行けなくて、途中で落としてしまったりしていました。その時に比べると、いつもうまくいくわけではないけど、小さな人形を手で握るくらいはできるようになったんだなと成長を実感しました。

解　説

　けいちゃんもずいぶん成長しましたが、小さな人形を指先でつまんで遊ぶことはまだ難しいようですね。実は、指先でものをうまくつまむという動作は、簡単そうに思えて、実はとても複雑な動作なのです。9ヵ月のけいちゃんにそのような動作ができなかったとしても無理はありません。
　手先でものをつまんだりといった複雑な動きができるようになるまでに、まずは肩、そして肘、手首と中心部から発達が進んでいき、最後に手、指が発達していきます（「発達の原理①」p38参照）。はじめの頃は、以前のけいちゃんがそうであったように、おもちゃを手に握ることはできても、肘、手首などをうまく使えず、自分の口の方に持っていくのさえ難しいのです。また、腕、手の身体的な発達とともに、目で見て距離感をつかみ、自分の手を自分が動かしたいと思う方向に動かすことができるという、**目と手の協応**が発達してはじめて自

分の思い通りの場所に手を伸ばし、ものをつかむ、というような行動がうまくできるようになります。
　一般的に、生後4ヵ月くらいまでは目と手の協応がうまくいかず、何かをつかもうとしても手が届かなかったり、行き過ぎたり、というように、思い通りの場所に手を伸ばすことがうまくできません。生後5ヵ月頃になるとだいぶ目と手の協応がうまくいくようになりますが、まだ、握りつぶすようにものをつかむような行動をします。指と手のひらをうまく使ってものをつかめるようになるのは生後8ヵ月くらいになってからです。1歳を少し過ぎるくらいになって、やっと人差し指と親指をうまく使ってつまむという行動ができるようになります。まだ自分の手指で小さなものをつまんだりすることが得意ではない9ヵ月のけいちゃんにとって、すでに発達した腕や肘を動かすことで叩くことができ、そのような行動をすると音が出る、という反応がある木琴のほうが楽しく遊べるのでしょう。
　けいちゃんも、もう少しすれば、直子さんがおすすめのおもちゃでも楽しく遊べるようになっていきますよ。

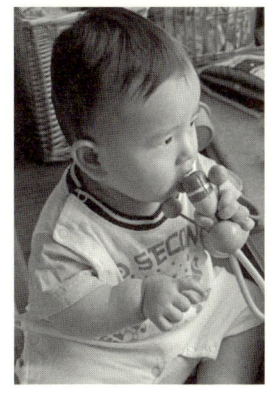

（エピソード・解説：齋藤慶典）

＊ (14) 手先の運動の発達：つまむことは意外に難しい ＊ 　45

15 社会的参照：赤ちゃんの状況判断の手段（10ヵ月）

お母さんの顔色をうかがうけいちゃん

　今日は、お姉ちゃんがけいちゃんを連れて実家へ遊びに来ました。けいちゃんは、もう10ヵ月です。ハイハイも上手になり、自分でいろんなところへ動けるようになってきました。けいちゃんが遊びに来るというので、部屋の隅には、けいちゃんお気に入りのおもちゃが山のように置いてあります。けいちゃんはそのことに気がついて、一所懸命そこに向かっていきました。

　けいちゃんは、おもちゃの山のところに着くと、すぐに夢中で遊び始めました。その様子をかわいいなと思いながら見守っていると、両親が大きな犬のぬいぐるみを持ってきました。可愛い孫のためにと先日買ってきた新しいぬいぐるみです。ところが、不思議なことにけいちゃんは、なかなかそのぬいぐるみで遊ぼうとしませんでした。けいちゃんの目の前に置いてあげても、やはりけいちゃんは手を出そうとせず、なぜかお姉ちゃんの方をみていました。そして、お姉ちゃんがにっこり笑うと、やっとけいちゃんは犬のぬいぐるみに手を伸ばしました。それから、うれしそうにぬいぐるみをブンブン振ったりして、またお姉ちゃんの方を見て笑っています。

　けいちゃんは、まだことばもしゃべれないのに、お母さんの考えていることはちゃんとわかっているみたいです。けいちゃんってすごいなと感心したけど、なんだかお姉ちゃんの顔色をうかがっているみたい。お姉ちゃんはそんなに厳しいお母さんなのかな……？

解　説

　直子さんが感じたように、けいちゃんはお母さんの考えていることがちゃんとわかっています。正確にいうと、けいちゃんは、お母さんの顔色をうかがって状況を判断し、自分の行動をうまく調節しているのです。

　生後10ヵ月頃になると、赤ちゃんは、見知らぬ人に会ったり、見慣れないものを目にしたりした時に、もっとも信頼できる養育者の顔を見上げるようになります。これは、目の前にある物や人が危険ではないかどうか、近づいてもよいものなのかどうか、養育者に問い合わせをしているのです。赤ちゃんのこのような行動を**社会的参照**といいます。けいちゃんは、はじめて見る大きな犬の

ぬいぐるみにちょっと不安を感じて、お母さんに確認したのであって、けいちゃんのお母さんが厳しいからというわけではありません。
　この時赤ちゃんは、養育者の表情を読み取って、それを手がかりにしてどうするべきかを決めています。たとえば、養育者が安心した表情をしていたり、にっこり笑ったりすると、赤ちゃんは安全だと判断して手を伸ばしてふれようとします。逆に、養育者が不安そうにしていたり、恐れや怒りの表情を表したりすると、赤ちゃんは危険や不安を感じて、立ち止まったり、伸ばそうとしていた手を引っ込めたりするのです。
　社会的参照は、赤ちゃんがハイハイしたり、歩いたり、ちょうど自分で移動できるようになった頃に現れます。まだ世のなかのことをよく知らない赤ちゃんは、危険な場所に行ったり、危ない物をさわったりしないように、社会的参照をして養育者に判断してもらうのです。
　自分の力で移動できるようになったけいちゃんにとって、信頼するお母さんの顔色をうかがうということは、危険を避けるために重要なことなのです。

（エピソード・解説：天野陽一）

＊ (15) 社会的参照：赤ちゃんの状況判断の手段 ＊

16 人見知り：赤ちゃんは慣れない人が苦手（10ヵ月）

赤ちゃんに嫌われた!?

　今日は、以前私の家の近所に住んでいたともこさんが、久しぶりに10ヵ月になるはるとくんを連れて遊びに来てくれました。ともこさんと久しぶりに会えるのも楽しみでしたが、はるとくんに会えるのがとても楽しみでした。ともこさんに赤ちゃんが生まれたと聞いた時から、ずっと見てみたいと思っていました。それに、けいちゃん以外の赤ちゃんとは普段接する機会がほとんどないので、ほかの赤ちゃんはどんなふうなのかな、と思っていました。

　ともこさんとはるとくんが私の家に来ると、はるとくんは、なぜかともこさんにずっと抱きついて離れません。私が、はるとくんに話しかけると、はるとくんは不安そうな顔でそっぽを向いてしまいました。なんだか嫌われちゃったのかなとちょっとがっかりしました。そこで、私は、いろいろなおもちゃを見せて「おねえちゃんといっしょに遊ぼう！」と誘ってみました。ところが、今度ははるとくんは泣き出してしまい、ともこさんに抱きつくと、ともこさんの胸に顔をうずめてしまいました……。

　私は、いつもけいちゃんの世話をしていて、赤ちゃんの扱いには自信があったので、はるとくんに泣かれてしまいとてもショックでした。いつもけいちゃんに話しかけるのと同じようにしたのに、どうしてこんなに嫌われてしまったんだろう、何が悪かったんだろうと思いました。

　将来、保育園の先生になることも考えていたけど、やっぱり私は向いてないのかなと思いました。

解　説

　直子さん、心配しなくても大丈夫ですよ。はるとくんに嫌われてしまったのではありませんし、直子さんに悪いところがあったのでもありません。赤ちゃんは、はじめて会った人や普段あまり会わない人をみると、不安やおそれを感じて、しかめ面をしたり、泣いたりすることがあります。とくに、生後半年から１歳くらいの乳児は、はじめて会った人に対して、強い拒否反応を示すことがあります。これは、**人見知り**と呼ばれるものです。私たちおとなでも、程度

の差はありますが、はじめて会う人と話をする時は、緊張したり、気を遣ったりしますよね。子どもは、人と接した経験があまりなく、人についての知識が少ないのですから、はじめて会う人に対する不安や緊張は、大人よりもずっと大きいのです。はるとくんは、はじめて会った直子さんがどんな人なのかわからないので、とても不安だったのです。人見知りは、6ヵ月から2歳くらいの子どもでは、とてもよくあることで、赤ちゃんがはじめて出会う人に見せる自然な反応だということです。

　人見知りがなぜ起こるのかは、はっきりわかっていませんが、1つには、乳児が知っている人と知らない人の区別がはっきりできるようになり、**愛着（アタッチメント）**ができあがるということが関わっていると考えられています。8ヵ月くらいになると、赤ちゃんはお母さんやお父さんのような普段よく接している人に、愛着という絆を向けるようになります（「愛着という絆」p52参照）。そして、この時期には、赤ちゃんは家族や親戚、近所の人などよく知っている人と、それ以外の知らない人を区別できるようになります（「顔の知覚」p28参照）。はるとくんにとって、直子さんは知らない人であり、直子さんが話しかけてくることや考えていることがまだよく理解できません。そのため、好奇心よりも、不安や恐怖の感情が強くなってしまい、直子さんを避けてしまったというわけです。

　人見知りをされたからといって心配することはありません。赤ちゃんは、とても好奇心が強く、人と関わるのが大好きです。はるとくんも、最初は嫌がったり、泣いたりしていても、しばらくすればすぐに慣れて、きっと直子さんにも笑顔を見せてくれるようになりますよ。

　　　（エピソード・解説：若尾良徳）

＊（16）人見知り：赤ちゃんは慣れない人が苦手＊　49

17 ことばの発達②：はじめてのことば（1歳）

> 「マンマ！」
>
> 今朝、お姉ちゃんが「けいちゃんが『ママ』って言ってくれたの〜！」と電話で教えてくれました。私も聞きたいと思って、学校が終わってお姉ちゃんの家に行きました。いつ話すかなと思いながらけいちゃんと遊んでいると、お姉ちゃんがおやつを出してくれた時に、けいちゃんが「まんま〜！」と言いました。「ほら！　言ったでしょ！」とお姉ちゃんは大喜びで、「はーい、ママよ！」と答えていました。「すごーい、『ママ』っていったね〜」と私も感動しました。
>
> でも、そのあとしばらくして、テレビで「アンパンマン」が始まり、けいちゃんと一緒に見ていると、今度はテレビを指さして、「マンマ！」とけいちゃんが叫びました。それで私は、「さっきのは『アンパンマン』のことだ！」とひらめきました。というのは、けいちゃんのお皿はアンパンマンの顔の形のお皿だからです。
>
> それから時間が経って私が帰る時に、けいちゃんとお姉ちゃんが玄関まで見送りにきてくれました。私が「けいちゃん、バイバイ、またねー」というと、突然けいちゃんが私の顔を見て、「マンマー！」と叫びました。私とお姉ちゃんは、つい笑っていました。どうも、けいちゃんは、人を見ると「マンマー！」というようでした。

解説

　子どもは、10ヵ月〜1歳半くらいのあいだに、はじめて意味のあることばを自分から発します。これを「初語」といいます。初語が出るまでに、聞いて理解できることばが50〜60語になっているといわれています。ですから、「初語が何か」ということは、おとなにとっては一大事ですが、子どもにとっては心のなかのレパートリーの一端でしかなく、それほどの意味はないかもしれません。実際、話し始めたころの数十語は、しばらくして言わなくなってしまうことも多いようです。逆に、ことばがなかなか出なくても、指さしや視線でコミュニケーションがとれていて、「バイバイ」と言ったら手を振るなど、言われていることがわかっているようであれば心配いりません。

　さて、けいちゃんの初語は「マンマ」でした。これは乳児にとって発音しや

すい語で、初語のベスト1です。初語は、「ブーブー」「ワンワン」「バイバイ」など、しぐさが伴ったり、音を表したりしていて、発音しやすい言葉が多くなっています。

けいちゃんが誰にでも「マンマ」と言ったように、一つのことばを通常よりも広い範囲に適用してしまう現象を「般用」といい、幼児にはよくある現象です。チワワもチャウチャウも柴犬もどれも「犬」であることを考えれば、周囲のモノを分類してそれぞれに適切な名前をふり分けるという作業がどれほど難しいものか、想像できますよね。ものの区別や分類が十分できていない子どもが、チャウチャウを「クマ」と呼んで、猫を「ワンワン」と呼んだとしても、不思議はないと思います。じっさい、子どもは自家用車とトラックをどちらも「ブーブー」と呼ぶなど「般用」することもありますし、逆に「ブーブー」と言ったら自分の家の車だけを指す、というようにことばを通常より狭い範囲に使う場合もあります。

子どもは自然と正しい名前を覚えていくので、接する大人は、間違いをいちいち訂正する必要はありません。ただ、こちらから話しかける時には、聞きとりやすいようにはっきり、ゆっくり、心をこめて話してあげて下さい。

ただ、けいちゃんが話した最初の「マンマ」がママだったのか、アンパンマンだったのか、その真相は誰にもわかりません。「ママ」だということにしておきましょう……。

(エピソード・解説：小沢哲史)

18 愛着という絆：お母さんがいれば安心（1歳）

やっぱりお母さんが一番

今日、お姉ちゃんと一緒に、1歳になったけいちゃんを連れて地域の子育て広場にはじめて行きました。子育て広場というのは、子育てをしている人が、子どもを連れて遊びに来たり、子育て相談をしたりできる場所です。

けいちゃんは、はじめはお姉ちゃんにぴったりくっついて、なかなか遊びにいけませんでした。広場の職員の人がおもちゃを見せて、こっちで遊ぼうと何度か誘うと、けいちゃんはだんだんとお姉ちゃんから離れておもちゃで遊び始めました。でも、やっぱり不安なのか、けいちゃんは遊びに夢中になっていたかと思うと、時々お姉ちゃんの方を見て、にっこり笑い、そしてまた遊びに戻るという感じでした。

しばらくして、けいちゃんが小さなすべり台をすべった時です。勢いがついてしまってちょっと頭をぶつけてしまいました。けいちゃんは、とても悲しそうな顔をして、お姉ちゃんのところにいくと、お姉ちゃんの胸に顔をうずめていました。お姉ちゃんが抱っこして、「痛かったねー、大丈夫よ」といって頭をなでていると、すぐにけろっとして、また遊び始めました。

けいちゃんが夢中で遊んでいるので、お姉ちゃんは私に「ちょっと見てて」といってトイレに行きました。けいちゃんは、遊びに夢中で遊んでいましたが、お姉ちゃんがいないことに気がつくと、「ママ！」と言いながら、まわりを見回し、お姉ちゃんを探し始めました。私は、けいちゃんに「ママはすぐ戻ってくるからね」と言いましたが、けいちゃんは泣き出してしまいました。ちょうどその時、お姉ちゃんが「けいちゃんごめんね」と言いながら戻ってくると、「ママ！」っといって、すぐにお姉ちゃんに抱きついて顔を胸にうずめていました。そして、しばらくすると、また何事もなかったかのように、遊び始めました。

やっぱり、子どもにとってお母さんは特別な存在なんだなあと思いました。

● ● ● ● ● ● ●

解　説

けいちゃんは、はじめて来た子育て広場で、たくさんの知らない人がいて、とても不安を感じていたことでしょう（「人見知り」p48参照）。でも、不安を感じるのははじめだけです。たいていは、子どもはすぐに慣れて夢中で遊び始めま

す。でも、それはお母さんやお父さんなど普段からよく接している人が一緒にいる時だけです。お母さんがそばにいるという安心感を感じることで、子どもは遊びに夢中になることができるのです。けいちゃんは、お母さんが部屋にいないことに気づくと、もう遊びどころではなくなってしまいました。これは、けいちゃんがお母さんに**愛着**（アタッチメント）を形成した証拠です（p126）。愛着とは、子どもが母親などの養育者に向ける**情緒的な絆**のことです。お母さんが部屋にいない時、直子さんがいたにもかかわらず、けいちゃんは不安で泣き出してしまいました。つまり、愛着を形成するとは、愛着を向けている人物（愛着対象）がほかの人と違う特別な存在になり、その人に特別な反応をすることなのです。

　けいちゃんは、転んで痛かった時に、慰めてもらうためにお母さんのところに駆け寄っていきました。子どもは、苦痛がある時や不安が大きい時に、愛着対象のそばに行き慰めてもらおうとします。このような行動を、子どもが愛着対象を**安全基地**にするといいます。

　ただ、保育者がよく理解しておかなければならないことは、子どもにとって**母親ははじめから特別な存在なのではない**ということです。愛着は生まれつきあるのではなく、子どもは生まれて半年くらいのあいだに継続して関わった人に愛着を向けるのです。愛着対象は、お母さんでなくても大丈夫です。父親や祖父母などに愛着を向けることもありますし、保育者も子どもにとっての愛着対象になります。保育園などで年少の子どもを担当する時には、みずからが子どもにとって愛着対象になって、子どもに安心感を与える存在になることが大切です。

（エピソード・解説：若尾良徳）

＊ (18) 愛着という絆：お母さんがいれば安心 ＊

19 ピアジェの発達理論①：同化と調節（1歳6ヵ月）

けいちゃん、上手につかめるようになったね

今日も、お姉ちゃんのところにいって、けいちゃんと遊んできました。けいちゃんも1歳6ヵ月になり、いくつかのことばを話すようになり、前に比べてけいちゃんの気持ちがだいぶわかるようになりました。

おやつの時間には、けいちゃんのために買ってきた、きれいな赤色のゼリーを出してあげました。1ヵ月くらい前にも、同じゼリーを買ってきてあげたのですが、その時は、けいちゃんはゼリーをつかもうと手を伸ばし、ゼリーに手が届くとグチャリとつぶしてしまいました。そんなことがあったので、「今度は、どうするのかなー」と思って、けいちゃんのことをしずかに見守っていたら、また、同じように、けいちゃんは手を伸ばして、ゼリーをつかもうとしています。でも、今度は、うまくつかむことができて、ちゃんと食べることができました。

すごい、けいちゃんは日々成長しているんだと感動しました。こうやって子どもの成長を実感できる幼稚園の先生や保育士という仕事に、ますます興味がわいてきました。

解　説

けいちゃんにかぎらず、子どもたちは、おとなにとっては何気ないことであっても、日々、いろんなことを経験し、そのなかから多くのことを学びながら発達しています。やわらかいゼリーをうまくつかめるということも、1つの成長です。

発達心理学者の**ピアジェ**（p132）は、発達は、**同化**と**調節**という2つの基本的なしくみによるものであると言っています。同化とは、それまでの経験によって、身につけられた認知構造（これを、**シェマ**といいます）を使って、新しい環境を理解することです。これに対して、調節とは、今までの方法ではうまくいかない時、シェマを変更して、うまく対処するようになることです。

けいちゃんがゼリーをつかんだエピソードを、ピアジェの理論に基づいて考えてみると、けいちゃんは、ゼリーをはじめて見た時には、今まで身につけた

「物をつかむ」というシェマを使って、強い力でつかんでしまいました。これが、同化による行動です。しかし、うまくつかめずつぶれてしまったことで、けいちゃんは、この赤くて透明なものは「やさしくつかむ」というように、シェマを変更して対処するようになったということです。これが、調節のはたらきです。この同化と調節のはたらきによって、数週間後にはうまくつかめるようになったということです（このように環境に合わせてシェマを変更していくことを、**均衡化**といいます）。

　もし、今度けいちゃんに、ゼリーと同じ色や形をした重いガラスの模型を見せたら、優しくつかもうとして、うまくつかめないかもしれませんよ。それもまた同化のはたらきによるものです。けいちゃんは、今度は、ゼリーと模型の違いを見つけて、調節することで、ゼリーも模型もうまくつかめるようになります。

　ちなみに、ピアジェは、生まれてから2歳くらいまでの時期を、**感覚運動期**と呼んでいます。1歳半くらいまでは、つかんだり、たたいたり、口に入れたりのように、実際にやってみて（運動）、どんな反応が返ってくるか（感覚）を通して学んでいきます（**感覚運動的シェマ**）。1歳半を過ぎる頃から、模倣活動もすぐにできるようになり（「模倣」p30参照）、実際に何かの行動を行わなくても頭のなかで整理して（**認知的シェマ**または**表象的シェマ**）、環境に合った行動ができるようになってきます。

　この時期の子どもは、つかんだり、たたいたり、口に入れたりするなかで、いろいろなことを学んでいます。子どもにとって安全な環境で、いろいろ経験させてあげることが大切ですよ。

（エピソード・解説：岡部康成）

20 ことばの発達③：話しことばの発達（1歳8ヵ月）

「ワンワン、バイバイ！」

　今日は、けいちゃんと公園へお散歩しました。近所に犬を飼っている家があって、けいちゃんはその犬が気に入っているようなので、公園に行く時はいつもその家の前を通って犬を見ていくことにしています。今日も犬に会うと、けいちゃんは犬を指さして「ワンワン！」と言って喜んでいました。私は、「そうだね、ワンワンだね」と答えました。けいちゃんはまた、「ワンワン」と犬を指さして、私をふり返ります。「ワンワン、大きいね」と、私は答えました。その時、犬が吠えました。けいちゃんはびっくりして私の陰に隠れたので、私は、こわがらないようにと思って、「ワンワン、『こんにちは』って言ったのかな？」と言いました。すると、けいちゃんはふしぎそうな顔をして、「ワンワン、わーうわー……」とよくわからないことばを言っていました。私は、「こんにちは」って言おうとしてるのかな？と思って、「けいちゃんも『こんにちは』って言ったの。えらいね」と言いました。
　私は先へ進もうと思って、「けいちゃん、行こう」と言いましたが、けいちゃんは「ワンワン」「ワンワン」とつぶやきながら犬を見ていて、なかなか動きませんでした。その時、犬がまた鳴いたので、私は、「ワンワン、『バイバイ』だって」と言いました。けいちゃんは、「ワンワン……バイバイ」とつぶやきました。私が、犬に向かって手を振って、「ワンワン、バイバーイ！」と言うと、けいちゃんもニコッと笑って、「ワンワン、バイバイ！」と大きく手を振りました。そして、「バイバイ」と何度も手を振りながら、歩き始めてくれました。
　歩きながら、けいちゃんに公園で何するのか聞くと、「きったんはっこん……ぶーらんぶーらん……しゅでいはい」と話しました。私もけいちゃんと仲良くなって、それが「シーソー」と「ブランコ」と「すべり台」のことを言っているのだというのが、すぐにわかることがなんだかうれしく感じました。

● ● ● ● ● ● ●

解　説

　直子さんは、まだ話せることばの少ないけいちゃんを相手に、上手におしゃべりを成立させていますね。初語（「ことばの発達②」p50参照）が出てからしばらくのあいだ、子どもは一度に単語を1つしか話しません。これを「一語文」と

いいます。聞きなれない言葉ですが、その名の通り、「一語」で「文」になっており、「一語」でさまざまな意味を表現しているということです。けいちゃんは、「ワンワン」という一語で、「ワンワンがいる」「ワンワンが大きい」「ワンワンがワンワンと鳴いた」、あるいは「ワンワン昨日はいなかった」「ワンワンおなかすいた？」「ワンワン鳴いて」などを表現しているようです。

　このエピソードの日、けいちゃんは一語文から**二語文**の世界に足を踏み入れました。二語文とは、「ワンワン、バイバイ」のように、2つの単語でできた文章です。「ママ、いない」とか「パパ、おしごと」などです。二語文になると、ずいぶん言いたいことが通じるようになります。ちなみに、二語文以上の複雑な文章は**多語文**と呼びます。

　直子さんのように、子どもが注意を向けているものに一緒に注意を向け、子どもが心のなかで語っていることを想像し、共感して話しかけてあげることが、子どもの話したいという意欲を育て、ことばの世界を豊かにしていきます。

　また、けいちゃんが「しゅでいばい」と言っていたように、話し始めの子どもは、発音や文法が間違っていたり、ことばがスムーズに出なくてどもったりすることもしばしばあります。このような時は、子どもが「自分のもてる力をせいいっぱい使って話してくれた」ということを喜び、温かく受け答えしてください。このような子どものことばの間違いは、ごく少数の障がいの場合を除いて、そのうち必ず直ります。幼児期までの子どもに対しては、自分が話しかける時に、正しく、聞こえやすいように、ちょっと気をつけて話してあげれば十分です。間違いをいちいち指摘したり、からかったりすると、子どもの話したいという意欲自体がそがれ、上達のチャンスが失われてしまう恐れがあるので、気をつけましょう。

（エピソード・解説：小沢哲史）

21 発達の原理②：発達の連続性と速度（2歳）

けいちゃんの成長

　今日はけいちゃんの誕生日です。けいちゃんはもう2歳になりました。誕生日のお祝いに、お姉ちゃんの家で一緒に食事をしました。夜、けいちゃんが眠ったあと、みんなで一緒にけいちゃんの生まれた頃からの成長記録のビデオをいろいろ見ました。こうやって生まれてから今までの成長を映像でふり返ってみると、毎日のように会っていると気がつかなかったけれど、少しずつ背も高くなって、体も大きくなっていっているのを実感します。映像を見ながら、このころ座れるようになったとか、ハイハイができるようになった、歩けるようになった、このころ話し始めたとか、お姉ちゃんと話していると、けいちゃんの成長していく様子をいろいろ思い出しました。こうやって一つひとつ、順番にいろいろできるようになっていったなあと、すごく懐かしい気がしました。こうやって改めて映像を見ていると、歩き始めたり、話したりというような変化は、1週間くらい前にはそんな様子もなかったのに、突然できるようになった気がして不思議な感じがします。私には突然の変化に思えるようなことも、きっとけいちゃんのなかでは、実は少しずつ成長していたんだろうなあと思いました。

　自分自身の進路についていろいろ悩んでいましたが、今日、けいちゃんの成長をふり返いながら、けいちゃんの時と同じように、子どもたちの成長を見守り助けてあげる保育園や幼稚園の先生になりたいと思いました。

解　説

　普段から接しているとなかなか気がつかないものですが、昨日よりは今日、今日よりは明日、というように、子どもは時間の経過とともに着実に発達していきます。このように絶え間なく発達し続けることを、**発達の連続性**といいます。身長や体重のように、身体の大きさや重さが時間の経過とともに目に見えて変化していくものは、発達の連続性を実感しやすいですね。

　ところが、ある発達については、変化が途中で停まっているようにみえる時期があったり、急に大きく変化したりするようにみえるものがあります。たとえば、直子さんが気づいたように、けいちゃんは、それまでことばを話さなか

* 第1部　けいちゃんの誕生から2歳半まで　*

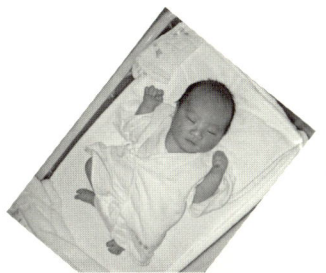

ったのに、ある日突然話し始めましたね（「ことばの発達②」p50参照）。歩き始めるのも同じように、突然できるようになったと感じられますね。つまり、**発達の速度**が途中で変化するように感じたり、発達が連続していないようにみえるものがあります。このような場合は、発達が連続していない、または、発達の速度がある時期に速くなったり遅くなったりすると考えていいのでしょうか。

　実際には、発達は目に見える姿かたちや、行動の部分だけで起こっているわけではありません。外から観察することができない部分で、発達は連続的に起こっていると考えられます（**発達の連続性**）。たとえば、しばらくの期間、ハイハイをずっとしていて、次の発達のステップになかなか進まない、つまり発達の速度が遅くなっているようにみえる場合でも、赤ちゃんの身体や機能は、はっきりとは目に見えませんが連続的に発達しています。そして、そのような目に見えない部分の発達が進んだ後に、一目でわかるような変化が起こると、突然発達が進んだ、または発達の速度が速くなったように感じるのです。

　子どもの発達が遅いように思えて心配したり、焦ってしまうこともあります。でも、そんな時も、子どものなかでさまざまな変化、発達が起こっているのです。子どもの発達を根気よく見守ることも大切ですよ。

（エピソード・解説：齋藤慶典）

22 自己意識の発達②：鏡に映った自分の理解（2歳）

けいちゃん、けいちゃんを発見

今日も、けいちゃんの家に遊びに行きました。私はけいちゃんをおんぶして遊んでいました。ちょうど大きな姿見が居間にあったので、おんぶしたまま鏡の前に立って私がけいちゃんをおんぶした姿を鏡に映して見せました。すると、けいちゃんはとってもうれしそうに「おんぶー」と言いながら鏡に手を伸ばしてさわろうとしました。ふれそうでふれないところまで近づけたり遠ざけたりすると、とても楽しそうにケタケタと笑います。

しばらく鏡で遊んだ後、けいちゃんの部屋で一緒に遊んでいました。すると、けいちゃんは、先週、みんなで動物園に行った時に撮った写真を見て、「ママ」、「パパ」、「ジジ」「バーバ」「なおちゃん」とうれしそうに私に教えてくれました。私は、写真に写っているけいちゃんを指さして、「これは誰かな？」と聞くと、「けいちゃん……」とちょっと自信なさそうに言いました。

けいちゃんは、ちょっと前までは、自分が写っている写真を見ても、自分のことがわからなかったのに、2歳を過ぎて自分の顔がわかるようになったみたいです。今日は、けいちゃんがけいちゃんを発見した記念日かな。

解　説

直子さん、なかなか面白いことに気がつきましたね。鏡のなかの自分（鏡映自己）や、写真に写った自分に気がつくということは、自己の発達にとても関連がある行動の1つです。鏡や写真に映った姿が、自分だということがわかるということは、客体としての自己（「自己意識の発達①」p32参照）が芽生えている証拠といえます。

直子さんが体験したように、子どもの鏡に対する反応は変化していきます。生後3ヵ月から6ヵ月くらいまでの子どもでも、鏡を見せると鏡に映った自分の姿に興味を示し、笑いかけたり、話しかけたりといっ

* 第1部　けいちゃんの誕生から2歳半まで *

た行動がみられます。しかし、これだけでは、鏡に映った人物が自分であるか、他人であるかを区別しているのか、子どもの心はわかりません。そこで、子どもに気づかれないように、鼻先に口紅を塗って鏡を見せてみます。当然、鏡に映った顔の鼻には赤い色がついていることになります。その時、鏡に映った人物を自分の姿だと気がついていれば、子どもは鏡でなく自分の鼻をさわりますし、気がついていなければ鏡の方をさわります。このような実験を行った結果、鏡に映った姿を自分であると認知している子どもは、15ヵ月から18ヵ月くらいの子どもでは3割程度です。その後、急増して21ヵ月から24ヵ月の子どもでは7割近くの子どもが自己認知できるようになることがわかっています。つまり、2歳くらいになると、多くの子どもが自分を客体としてみられるようになってくるのです。

　鏡や写真に映った自分やほかの人を理解するということは、鏡や写真に映った自分やほかの人が実際のその人でなく虚像であるということが理解できるということを示しています。これは、象徴機能が発達していることも関連しています（「象徴機能」p66参照）。そして、象徴機能の発達と並行して、自分の名前などといった抽象的なことがらに対する客体的自己の理解も進んでいくのです。

　ほかの動物と比較すると、私たちヒトにとって、鏡に映っている人物の姿が自分であるかほかの人であるかを区別することは、当たり前のようですが、鏡映自己の理解ができる動物というのは、チンパンジーなどごく一部の動物だけです。それだけ、自己というものが非常に重要な人間の特徴であり、その能力はさまざまな心理的機能の発達に支えられているということを意味しています。その点でも、今回、直子さんが注目したけいちゃんの鏡映自己や写真に写った自己への気づきは、けいちゃんにとって非常に重要な成長の一歩といえます。

(エピソード・解説：齋藤雅英)

＊ (22) 自己意識の発達②：鏡に映った自分の理解 ＊

23 反抗期：自己主張と自己抑制（2歳6ヵ月）

けいちゃん"イヤイヤ虫" りょうたくん"おこりんぼ"

けいちゃんももう2歳半になりました。今日、お姉ちゃんの家でけいちゃんと遊んでいるところに、隣に引っ越してきたりょうたくんが遊びにきました。りょうたくんは、けいちゃんよりも2歳上のお兄さんです。

最初2人は慣れない様子でしたが、りょうたくんが自分のおもちゃで遊び始めたのを見て、けいちゃんも、いっしょに遊び始めました。ところが、しばらくすると「けいちゃんの！」という声がして、おもちゃの取りあいが始まりました。どうも、りょうたくんのおもちゃをけいちゃんが取ろうとしたようでした。けいちゃんがどうしても離そうとしないので、仕方なくりょうたくんのお母さんが「りょうた、お兄ちゃんなんだから、少し貸してあげなさい」と言うと、りょうたくんもちょっと不満そうな様子ではありましたが、けいちゃんに貸してあげていました。私はさすがにお兄ちゃんだなーと感心しました。

そのあと、りょうたくんのお母さんに聞くと、最近りょうたくんは、おこりんぼさんになっていて、すこしでも自分の思い通りにならないとすぐに「お母さんのバカ！ もう知らない！」と言って、プイッと顔をそむけて遠くまで走っていってしまうそうです。そういえば、けいちゃんも、最近は「イヤ」の連続で、私が「着替えよう」と言っても、「お片づけしよう」と言っても、「ごはん食べよう」と言っても、なんでも「イヤ」と言ってきます。私は保育園の先生になると決意して、進学を決めたものの、けいちゃんに嫌われてしまったみたいで、大丈夫かなと少し不安になってきました。

解説

子どもが発達する途中には、けいちゃんのようになんでも"イヤ"と言ったり、りょうたくんのように思い通りにならないとすぐ怒ってしまう時期があります。このような時期を**反抗期**といい、親にとっては、子どものことがわからなくなったという悩みや、自分の子育てに疑問や不安をもちやすい時期です。

しかし、反抗期は、発達においてごく普通にみられる反応です。反抗期は、発達過程で2回現れ、幼児期に現れるものを**第一反抗期**、中学生や高校生の時期に現れるものを**第二反抗期**といいます（「反抗期と心理的離乳」p112参照）。第一

＊ 第1部　けいちゃんの誕生から2歳半まで ＊

反抗期は、１歳半頃から始まります。生まれたばかりの赤ちゃんは自分と他人の区別がなく、母親と一体化した存在であると感じていると考えられています。成長に伴って、子どもは自分でできることが増えて世界が広がり、なんでも自分でやりたいと思うようになります。一方で、養育者からすると、まだできない、危ない、良くないといったように、行動を制限することも増えます。この時、養育者からは、子どもが反抗しているように思えてしまうのです。つまり、第一反抗期は、"自分への目覚め"の証拠であり、自立に向けた重要な時期といえます。

　第一反抗期には、**自己制御**の発達が関わっています。自己制御には、自分のやりたいことや欲しいものを他人にきちんと伝える**自己主張**と、自分のやりたいことや欲しいものを抑えて我慢する**自己抑制**の２側面があります。自己主張は、３歳台に急激に発達するのに対して、自己抑制は３歳から６歳くらいまでのあいだにゆっくり発達します。したがって、３歳くらいには、自分のやりたいことは主張できるけど、譲ったり、我慢したりすることは難しいのです。りょうたくんもまだまだ反抗期が終わらないようですが、けいちゃんにおもちゃを譲ったり、我慢する力が育ってきているようですね。子どもたちはお互いの交流を通して、他者への配慮や仲間意識が生じ、その結果自分をコントロールすることができるようになっていきます。

　反抗期は大切だということを理解して、ゆっくりとやさしく問いかけながら、少しずつ我慢できるよう促していくことが大切です。直子さんは、けいちゃんに嫌われているわけではないので安心して、よい先生を目指してください。

〈エピソード・解説：齋藤雅英〉

24 遊びの社会的側面：遊びのなかでの他児との関わり（園見学）

遊びに加われない女の子

　私もついに短大生になりました。今日は、短大に入ってはじめての課外授業で保育園の見学に行きました。私たちのグループは、2歳児クラスの見学をしました。子どもたちは園庭で自由に遊んでいました。走り回っている子、遊具に乗っている子、先生にべったりくっついている子、砂場で遊んでいる子と、みんな思い思いに遊んでいました。やっぱり、子どもって遊びが大好きなんだなと思いました。

　私は、砂場で遊んでいる子どもたちを見学することにしました。子どもたちは、小さなカップに砂をつめて、それをひっくり返し、プリンのようにして遊んでいました。2歳の子たちは、なかなかうまくできないようでした。砂場にいる子どもたちは、みんな同じようにプリンを作る遊びをしていましたが、それぞれがみんな勝手にやっていて他の子と一緒に遊んだりはしていませんでした。子どもたちはまわりが気にならないくらい、この遊びに夢中になっているのだと思いました。

　ふと、砂場の横を見ると、砂場で遊ぶ子どもたちをひとりで立って見ている女の子がいました。その子は時々砂場の子たちに何か話しかけたりしているようでした。でも、私が砂場を見学しているあいだ、この女の子は、プリン遊びには加わらないで、ずっとひとりで見ていました。この女の子は本当はみんなと一緒に遊びたいのに、ほかの子にうまくとけ込めないのじゃないのかなとちょっと心配になりました。保育者として、こういう子を仲間に入れてあげるには、どういう援助をしたらよいのかと考えました。

解　説

　直子さんが心配した「ひとりで立って見ている女の子」は、おそらくほかの子にうまくとけ込めなかったわけではありませんし、特別な援助が必要な子ではないでしょう。ほかの子が遊んでいるのを、近くでただ見ていたり、声をかけたりするだけということは、**傍観者的行動**と呼ばれ、2歳半くらいの子どもによくあることで、子どもの遊びの発達過程に自然に現れることです。

　子どもが、遊びのなかでほかの子どもとどのように関わるかは、年齢によって違っており、はじめからほかの子どもと一緒に遊べるわけではありません。

64　＊　第2部　保育者養成課程での学び　＊

２歳頃には、砂場の子どもたちのように、ほかの子の近くでみんな同じような遊びをしますが、ほかの子とお話ししたり、関わったりすることはない**平行遊び**がもっとも多くみられます。平行遊びをしている子どもたちを見ると、ほかの子と一緒に遊べたらいいのにと思いがちですが、この年齢では、まだほかの子と一緒に遊ぶということが難しいのです。もう少し小さい１歳台の子どもは、遊んでいるときにほかの子のことをほとんど気にしていません。**ひとり遊び**と呼ばれ、ほかの子がそばにいても関係なく、自分のやりたい遊びをやっています。２歳になると、まだ一緒に遊べなくても、ほかの子がどんな遊びをしているかをよく見ているので、みんな同じような遊びである平行遊びになります。

　ほかの子と一緒に遊べるようになるのは、２歳半を過ぎたころからです。はじめは、一緒に遊んでいますが、みんな同じような遊びをしています。たとえば、砂場でみんなでいっしょに山を作ったりするような遊びです。これを、**連合遊び**といいます。この遊びには、まだ役割分担やはっきりしたルールがありません。３歳頃から、何か目的をもってグループを作って、協力や役割分担などをしながら遊ぶようになります。これを、**協同遊び**といいます。

　このように、遊びのなかでの他者とのかかわりは、「ひとり遊び→平行遊び→傍観者的行動→連合遊び→協同遊び」というように現れるようになります。ただ、３、４歳になるとひとり遊びや平行遊びがなくなってしまうわけではありません。とくに、ひとり遊びは、もっと大きな子どもや大人でもみられるものです。

　直子さんが心配した女の子も、もう少しするとほかの子たちと一緒に遊べるようになりますよ。

（エピソード・解説：若尾良徳）

25 象徴機能：子どもの豊かな想像力（園見学）

積み木の遊び方

　今日も課外授業で保育園の見学に行きました。2歳児クラスの自由遊びの時間に一緒に遊ぶことになりました。2歳児クラスの教室では、子どもたちが思い思いに遊んでいました。そんななかで、積み木のまわりに何人かの子どもたちが集まって遊んでいたので、私はそっちへ行ってみることにしました。

　積み木で遊んでいるといっても、積み上げて遊んでいる子ばかりではありませんでした。ある男の子は「ブォーンガガガ」と言いながら床の模様にそって積み木を動かしています。車を走らせているのだなと、すぐにピンときました。また、そのすぐ隣では、別の男の子が同じように床の上で積み木を滑らせて遊んでいました。私は「どっちの車が早いかな？」と声をかけてみました。すると、その男の子は「車じゃないよ、新幹線」と教えてくれました。

　その隣では、女の子たちがいろいろな色の積み木をたくさん並べて遊んでいました。私が「何してるの？」とたずねると、ひとりの女の子が、赤い積み木を指差して「リンゴはいりませんか？」と聞いてきました。私は「おひとつくださいな」と言って両手で受け取りました。また、別の女の子は、黄色くて細長い積み木を使って、おままごとのようにして遊んでいました。どうやら、キリンさんの親子のようでした。

　私は、積み木遊びといえば、積み上げたり、並べたりして遊ぶものだとばかり思っていました。こんなふうに積み木が、乗り物とか、フルーツとか、動物とか、いろいろなものになるなんて、子どもの想像力にはびっくりです。

解説

　同じ積み木なのに、いろいろな遊びに使っていて、子どもの想像力はとても豊かですね。このような、積み木を乗り物やフルーツ、動物など別のものに見立てる遊びは、**象徴遊び**と呼ばれます。子どもは1歳前後からさまざまな**見立て**をするようになり、2歳を過ぎる頃になると遊びのなかで見立てを行う象徴遊びがさかんに見られるようになります。

　遊びのなかでこうした見立てをするためには、非常に高度な認知能力が必要

となります。たとえば、積み木を車に見立てて遊んでいる子どもについて考えてみましょう。この時、子どもの頭のなかには、かつて実際に見たり乗ったりした車のイメージ（これを**表象**といいます）が浮かんでいます。子どもは1歳を過ぎると、心のなかにイメージの世界をもつことができるようになるのです（「模倣」p30、「ピアジェの発達理論①」p54参照）。そして、積み木は、頭のなかに浮かんでいる車のイメージと結びついて、それを表す**記号**（シンボル）になっています。つまり、頭のなかで車のイメージと積み木を結びつけて、車を積み木に置き換えているのです。このように、あるモノ（車）を別のモノ（積み木）で置き換えて認識するはたらきのことを**象徴機能**といいます。

　象徴機能は、ことばの発達においても必要不可欠な能力です。「ブーブー」ということばを発する子どもは、頭のなかで自動車と「ブーブー」という音声とを結びつけて、自動車を「ブーブー」に置き換えているのです。ことばは、さまざまなモノやコトの代わりに用いられるシンボルになっています。積み木とは異なり、何をどんな音声で置き換えるかがみんなに共有されているので──自動車は「じ・ど・う・しゃ」という音声で表すということを誰もがわかっているので──、コミュニケーションが成り立つのです。

　小学校高学年になると、子どもは具体的なモノの助けを借りなくてもシンボルを操作することができるようになります（p134）。ことばというシンボルを使って、たとえば「愛」や「平和」といった目に見えない抽象的な概念についても考えることができるようになるのです。

　直子さんが感じたように、子どもたちの想像力はとても豊かです。子どもたちがどんな遊びをするかをじっくり観察してみるとおもしろいですよ。

（エピソード・解説：天野陽一）

＊（25）象徴機能：子どもの豊かな想像力　＊　**67**

26 遊びの機能的側面：遊びの種類（園見学）

「赤ちゃんが寝てるから……」

　今日は、大学の課題で幼稚園を訪問しました。自由遊びの時間に、子どもたちと遊んで、感想文を書くという課題です。私は、同じグループのタケシくんと一緒に年少クラスに行きました。私たちが教室にはいると、3歳の女の子たちが、椅子を10脚くらい並べて、遊んでいました。私は、さっそくそのなかに加わってみようと思い、「何つくってるの？お姉さんもいれて」と言ってみました。すると、ひとりの女の子が「ここはお家なの」と教えてくれました。私が、「すごいね。おっきなお家ができたね」と言うと、もうひとりの子が「こっちはお風呂」と教えてくれました。タケシくんも、「おにいさんも入れて一」と入ってきました。すると女の子のひとりが「お風呂は女の子だけ一」と言って、タケシくんはなかにいれてもらえませんでした。
　しばらく遊んでいると、急に女の子たちが小さな声で「赤ちゃんが寝てるから」と言い出しました。そして、布を丸めたものを大事そうに抱きかかえて「ママが抱っこしてるからね」と寝かせるふりをしていました。私たちの方を見て、「赤ちゃんが起きちゃうからね」と小さな声でいいました。私は、子どもたちの想像力はほんとうに豊かなんだととても感心しました。
　私が女の子たちと遊んでいたら、いつの間にかタケシくんは、男の子たちに囲まれていました。男の子たちと一緒に、新聞紙を丸めて剣を作ったり、広告を折って紙飛行機を作ったりしていました。子どもたちの手にかかれば、身のまわりにあるものが、なんでも遊び道具になるんだなぁと思いました。

解説

　直子さんが感じたように、子どもの手にかかれば身のまわりの物はなんでも遊び道具になりそうです。椅子を並べて「おうち」や「お風呂」に見立てたり、布を「赤ちゃん」に見立てる遊びだけでなく、お母さんのふりをしたりするふり遊びも、**象徴遊び**と呼ばれます（「象徴機能」p66参照）。子どもたちが、椅子をお家やお風呂に見立てたり、お母さんのふりをして遊ぶためには、やはり象徴機能の発達が必要になります。象徴機能は、1歳半頃から現れてきます。最初

は、積み木を自動車に見立てたりするような簡単な見立てから始まり、料理をするまねをしたり、寝たふりをしたりと複雑なことができるようになります。

　子どもの遊びには、象徴遊び以外にもさまざまな遊び方があります。男の子たちは、剣や紙飛行機を作って遊んでいましたが、このように物を作ったり、組み立てたりする遊びは、**構成遊び**と呼ばれます。それ以外にも、かけっこ、木登り、ブランコや滑り台、サッカーなどの感覚や運動のような身体の機能をつかった**機能遊び**、絵本を読んだり、紙芝居を見たり、テレビやビデオを見るなどのものを見たり聞いたりする**受容遊び**といったように分類されることがあります。

　子どもの生活は、ほとんどが遊びといってもいいかもしれません。子どもは遊びを通して多くのことを学んでいるのです。保育者は、子どもたちが自由に、安心して遊べる環境を整えていくことが大切です。

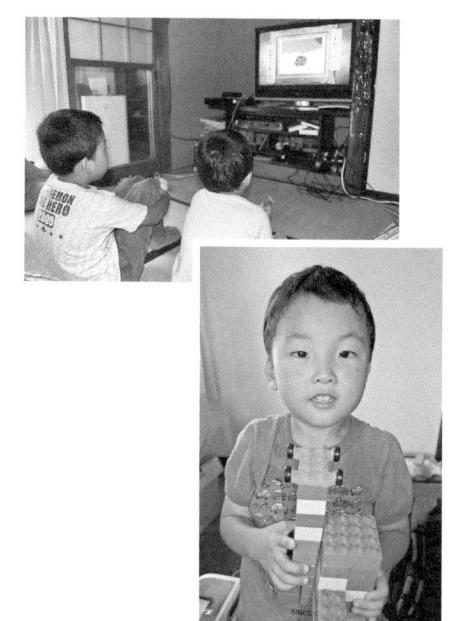

（エピソード・解説：若尾良徳）

27 自己中心性
：子どものものの見方、考え方（保育所実習）

だって、見えないんだもの……

今日で保育所実習が始まって3日目になりました。はじめての実習で不安と緊張でいっぱいでしたが、子どもたちと接しているうちにだんだん慣れてきて、少しずつ楽しめるようになってきました。

今日の実習では、5歳児のクラスに入りました。午後の自由保育の時間に、5人の子どもと砂場遊びをしました。大きな山を作ったり、だんごのようなものを作ったり、なかには何を作っているのかわからないものもあります。みんな砂だらけになって夢中で遊んでいて、子どもたちは本当にこういう遊びが大好きなんだなーと感じました。私も子どもと同じ気持ちになろうと思い、一緒に砂遊びをして、私は、すごく大きな山を作りました。すると、ほかの子どもたちが「先生の山すごいー」とか、「でかいー」とか喜んでくれて、私もなんだかうれしくなりました。

ちょうどその時、少し離れた場所で砂遊びをしていたYちゃんが、「先生、そのスコップとって」と、私に声をかけてきました。私のまわりを見渡しても私の横にバケツがあるだけで、スコップはありませんでした。私は、Yちゃんがスコップとバケツを間違えているのかと思って、「Yちゃん、先生のところにはスコップないよ。バケツがほしいの？」と聞きました。Yちゃんは「バケツじゃなくて、そこのスコップ！」と言いました。もう一度、まわりを見渡しましたがやはりスコップはないので、「Yちゃんこれじゃないの？」といってバケツを渡そうとしましたが、「ちがう、バケツじゃなくて、スコップ！　もういい！　先生、嫌い！」と怒って、私の方によって来て、自分でスコップを取りに来ました。スコップは私の作った大きな山の向こう側の、私からは見えないところにあったようです。

私からは見えない場所なのにと思いながらも、Yちゃんに嫌われてしまって、なんだかさみしくなりました。

解　説　自己中心性：子どものものの見方、考え方

保育の現場では、「子どもの気持ちになる」とか、「子どもの目線で」ということがしばしばいわれます。この言葉の意味は、子どもと同じ気持ちになって

遊ぼうということではありません。子どもたちが、何ができて何ができないのか、子どもたちのものの見方や考え方の特徴など、子どもの発達を正しく理解した上で、子どもたちに関わっていこうということなのです。

　今回の直子さんとYちゃんの行き違いは、子どものものの見方や考え方の特徴が関係しています。ピアジェは、子どもたちのものの見方や考え方の特徴について、**三つ山問題**という課題を用いて研究しています。三つ山問題とは、図のような3つの大きさの異なる山の模型を使った課題です。まず、子どもにこの模型のまわりを歩かせて、いろいろな位置から山を見せます。その後、子どもがAの位置にいる時に、Dの位置においた人形を指して、「あの人形さんからはどんな景色が見えるかな？」とA～Cの各位置から見た景色が書かれた絵を見せます。すると、5歳くらいまでの子どもは自分が今見ているAの位置からの景色が見えていると答えます。つまり、この頃の子どもは、位置が異なると見え方が変わるということを理解できず、つねに自分の目に見えるものを基準に判断します。このように、他人の視点に立ってものを見たり考えたりできない子どもの特徴を、ピアジェは**自己中心性**と呼んでいます。

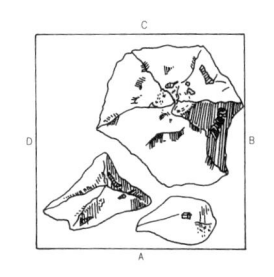

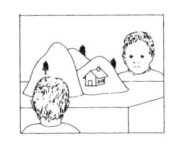

　Yちゃんは、自分から見えるスコップが、直子さんにも見えていると思っているので、直子さんのことをスコップを手渡してくれないひどい先生に感じてしまったのかもしれません。

　直子さんも、もっと子どもの特徴や発達を理解して、本当の意味で子どもの気持ちになれるといいですね。

（エピソード・解説：堀　洋元）

28 幼児の知覚の特徴
：アニミズムと相貌的知覚（保育所実習）

アリさん、こんにちは

　今日は、保育所実習で４歳児のクラスに入りました。午前中に、みんなで公園までお散歩をしました。Ｓくんが月を指さしながら「先生、お月様が出ているよ」と言ってきたので、私も「お月様だねー」と言いながら歩いていました。４歳にもなると、お昼の明るい時に出ている月もちゃんとわかるということに、びっくりしました。道の角を曲がった後に、もう一度空のお月様を見上げてＳくんが、「先生、ほら、お月様がずーっとついてくるよ」と言っていました。私が「ほんとだねー」と言うと、Ｓくんは、「お月様もお散歩しているね」と言ったので、なんだかほのぼのした気分になりました。
　公園について子どもたちと遊んでいると、突然、Ａちゃんがパッとしゃがみこみました。何があったのかなと思って近づいてみると、Ａちゃんはどうやらアリを見つけたようでした。Ａちゃんは見つけたアリに、「アリさん、こんにちは、Ａちゃんです」と自己紹介を始めました。どうやら、Ａちゃんはアリがお友だちに見えたようです。
　子どもってこういう発想をするんだなー、なんてかわいいのだろう、ととても愛おしく感じました。

解説

　「お月さまがついてくる」や「アリさんこんにちは」というふうに、幼い子どもが命のないものに命や意志があるかのように、あるいは人以外の生物を擬人化して行動したり、説明したりすることはＳくんやＡちゃんに限ったことではありません。このようにすべての対象を擬人化してとらえる傾向は、幼児期の知覚の特徴であり、とくに無生物や植物などに対する擬人化のことを**アニミズム**といいます。
　これまで子どもがあらゆる対象を擬人化するのは、知的な未成熟さによるものだと思われてきました。しかし、最近では子どもの適応的な側面を表したものではないかと考えられています。おとなに比べて知識や経験に乏しい幼児が、

よくわからない事態や事象に遭遇したとします。その時、幼児がよく知っている「人」を基準にして、よくわからないものを参照します。その結果、よく知っている「人」と、"どのくらい似ているか""どんなところが似ているか"と比較することで、よくわからないものがどのようなものであるかを、より妥当に推測することができると考えます。そのような、子どもの適応的な力を反映していると考えるようになったからです。

こんなふうに考えると、どこにいっても月が見えるような状況を「ついてくる」とＳくんが表現したことや、「アリさん」をはじめて会った「人」として「こんにちは」とあいさつしたＡちゃんは、とっても適応力があると考える方が適当なように思えてきますね。

ほかにも、幼児期の子どもが知覚する時の特徴として、**相貌的知覚**があげられます。相貌的知覚は木の幹の模様や自動車を前からみたその姿形が、人の顔として知覚されて「かなしそうな顔をしている」や「怒った顔をしている」と言ったりするのがその例になります。このように幼児期の子どもが事物を知覚する時に、その事物に対して"かなしそう"や"怒っている"といった情緒的な意味づけを行うことを相貌的知覚といいます。

相貌的知覚は発達心理学者のウェルナーによって提唱されたもので、生命のないものにも人と同じ感情があって、物を人格化して表情のあるものとして知覚するというものです。相貌的知覚は幼児期にみられる自己中心性や未分化な知覚という子どもの特徴が関係しているといわれています（「自己中心性」p70参照）。そしてこれもアニミズム的な思考の一端を表すものだと考えられています。

（エピソード・解説：齋藤雅英）

＊ (28) 幼児の知覚の特徴：アニミズムと相貌的知覚 ＊

29 ピアジェの発達理論②
：前操作期と保存の理解（保育所実習）

同じ量なのに？……

　今日の実習では、4歳児クラスの子どもたちと近所の公園まで散歩に出かけました。公園に着くと、みんなで一緒に追いかけっこをして楽しみました。それから、みんなのどがカラカラに渇いたので、お茶を飲むことにしました。RくんとIちゃんは、持ってきた水筒のお茶がなくなっていたので、園で準備してきたお茶を分けてあげることにしました。
　まず、Rくんのコップにお茶を注いで、つぎにIちゃんのコップにお茶を注ぎました。すると、Iちゃんが、「先生ずるい。Rくんの方が多い」と、怒ってしまいました。私が何度も、「そんなことないよ。同じだよ」と説明しても、Iちゃんが納得してくれません。
　そこで、私は「じゃあ、一度戻してから入れなおすね」といって、2人のコップのお茶を水筒に戻してから、まずRくんのコップに入れ、そのお茶をIちゃんのコップに入れました。その後、もういちどRくんのコップに、Iちゃんの時と同じ高さの位置までお茶を入れました。そして、「これで同じでしょ」とIちゃんにいいました。
　それでも、Iちゃんは「違うもん。Rくんのほうが多いもん」とやはり納得しません。その後も、何度も同じだからと説明しましたが、どうしても納得してもらえず、最後には「先生はIのことが嫌い？」と聞かれ、困ってしまいました。

● ● ● ● ● ● ● ●

解説

　それはなかなか大変でしたね。きっとRくんとIちゃんのコップの形が違うことが問題だったのでしょう。もともとが同じ量のものを、別の容器に移しても、単に容器が変わっただけなら、同じ量だということはおとなには、ごく当たり前のことのように思えます。しかし、4歳くらいの子どもでは、見た目の違いに目がいってしまい、同じ量だと思えないことがあります。
　たとえば、次ページのA、Bの容器から目の前で別のCの容器に中身を移して、AとCの容器を見せ、どちらが多いか質問すると、見かけ上の水面の高さに注目して「Aの方が多い」と答えたり、容器の幅に影響されて「Cの方が多い」

量の保存　　　　　　　数の保存

A ○ ○ ○ ○ ○ ○ ○
B ● ● ● ● ● ● ●

↓

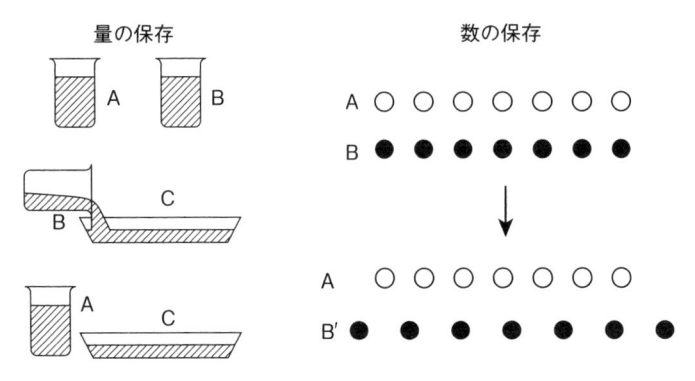

A ○ ○ ○ ○ ○ ○ ○
B′ ● ● ● ● ● ● ●

（出典：岡本夏木『児童心理』岩波書店，1991年より作成）

と答えたりします。つまり、見た目が変わると、量も変わると考えてしまいがちなのです。子どもがものの見た目が変わっても量や性質は同一であると考えることができるようになるためには**保存**の概念を獲得することが必要です。4歳のIちゃんは、まだ保存の概念が獲得できていないので、コップの形によって量が違うと思ってしまったのでしょう。

　この保存の概念を獲得するには、**可逆性**（もとに戻せば同じ）、**相補性**（水面は高くなったけれど、前よりも幅はせまくなっている）、**同一性**（何も加えたり減らしていなければ同じ）という概念が獲得される必要があります。これらの概念がちゃんと獲得されて見た目の高さに惑わされなくなるのは、8歳くらいからです。

　同じような現象は、数の概念でも見られます。図のように同じ数のものでも、間隔を広くあけて長く見えるように並べると、間隔の広い方が多いように感じてしまいます。子どもは、長い方が多いと考える傾向があるのです。これは数の保存に関係していて、見かけが変化しても、数は同じということがわかるようになるのは、6歳から7歳くらいの頃です。

　子どもがものを認知するしくみを理解することが、子どもの目線に立つことの前提です。直子さんも発達心理学を学んで、子どもの目線に立つことのできる良い保育者になれるようにがんばってください。

（エピソード・解説：岡部康成）

30 気質：生まれつきの性格の違い（保育所実習）

きょうだいなのに全然違う!!

今日で保育所実習も7日目です。今日は、3歳児クラスの担当になりました。はじめて担当するクラスなのでどきどきしていましたが、クラスに入ると、Tくんという男の子が、「お姉さんが来た」と言いながら、すぐに笑顔でかけよってきてくれました。Tくんは、「お姉さん、お名前は？」とかいろいろ話しかけてきてくれて、おもちゃを見せてくれたりして、大歓迎してくれました。子どもって本当にかわいいと思いました。担当の先生からは、子どもとできるだけ接して慣れるように言われていたので、お話をしたり、おもちゃで遊んだりしました。しばらくすると、Tくんは、絵本を持ってくると、「これ読んで」と私の膝の上に座りました。今日はじめて会うのに、こんなに懐いてくれてすごくうれしかったです。

保育後に、Tくんが、先日担当した5歳児クラスのYくんの弟だということを知って、とてもびっくりしました。というのも、Yくんは、すごく引っ込み思案で、シャイな感じで、なかなか心を開いてくれない子だったからです。はじめて5歳児クラスに入った時、Yくんに話しかけても、下を向いてしまったり、担任の先生の後ろに隠れてしまったりで、私と遊んでくれるようになるまでにかなり時間がかかりました。

小さいうちから、きょうだいでこんなに性格が違うんだと驚きました。

解説

TくんとYくんのように、きょうだいであっても全然違う性格ということはよくあることです。親からすると、同じように育てたつもりなのになんでこんなに違うのかと、不思議に思うところです。子どもの性格や性質の違いは、生まれてからの環境、つまりどのように育てられたかだけでなくて、生まれつきもっている性質によって影響される部分があります（「発達の規定因」p120参照）。

生まれつきもっている性質の違いには、遺伝的な違いだけでなく、**気質**と呼ばれるものがあります。気質

とは、基礎的な心理過程の個人差をいいます。わかりやすく言うと、生まれつきの性格の違いのようなものです。気質は、**抑制**的な気質と**非抑制**的な気質に、大きく２つに分けられています。抑制的な子どもは、知らない人や物を恐れて、避ける傾向があり、まわりからは、内気、臆病、慎重、引っ込み思案などと見なされます。兄のＹくんはおそらくこの抑制的な気質だったため、はじめて会った直子さんに不安を感じてしまい、なかなかうち解けられなかったのでしょう。一方、非抑制的な子どもは、知らない人や物でも恐れない傾向があり、まわりからは、社交的、大胆、物怖じしないなどと見なされます。弟のＴくんは、非抑制的な気質だったため、はじめて会う直子さんには恐れることなく近づいていったのでしょう。

　子どもの気質の違いは、その子を育てる親にとっての扱いやすさ、育てやすさに影響します。抑制的な気質の子どものなかには、ぐずりやすく、神経過敏で、いつまでも泣き続けるなど、親から見て「**育てにくい子**」と言われることがあります。ただ、子どもの気質は、生まれもったものがずっと変わらないのではなく、育っていく環境のなかで変化していくこともあります。

　大切なことは、育てにくい子であろうと、うまく子どもの欲求をくみとって、適切なかかわりをしてあげることで、安定した愛着（p130参照）を形成していくことです。

　この子はこういう子だから扱いにくい、などと決めつけないで、それぞれの子どもの気持ちをうまくくみとっていくことが大切ですよ。

（エピソード・解説：若尾良徳）

＊（30）気質：生まれつきの性格の違い＊

31 内言と外言
：コミュニケーションから思考の道具へ（保育所実習）

誰に話しているの？

担当している3歳児クラスに、Mくんという男の子がいます。今日の自由遊びの時のMくんの様子が少し気になりました。自由遊びの時、Mくんはジグソーパズルで遊んでいました。そのパズルは、おとなの私から見たらとても簡単なものだったけれど、<u>3、4歳の子どもにとってはちょっと難しいもののようでした</u>。Mくんは、真剣な顔をして、形の合うピースを探していました。私は、少し離れたところからその様子を見ていました。

パズルが半分くらい完成した頃、Mくんが口を開いて何やらしゃべり始めました。どうやら、ぴったりあうピースがなかなか見つからなくて困っているみたいでした。ピースを握りしめながら「でこぼこがあわない」とか「赤いのどこ？」とかいったことを、イライラしたような口調でしきりにつぶやいていました。

私は、パズルを手伝って欲しいのかなと思ったので、Mくんに「こっちのはへこんでるね」と声をかけてみました。でも、Mくんは返事をしてくれませんでした。それどころか、私のほうを見てもくれませんでした。声が小さくて聞こえなかったのかなと思って、もう一度、もう少し大きな声で話しかけてみました。すると、Mくんは「今考えてるの！」と言って怒ってしまいました。

Mくんは、それからも時々何かぶつぶつと言っていました。私以外に、Mくんのまわりには誰もいなかったのに、<u>私に向かって話しているのではなかったみたい</u>です。いったいどうしちゃったのでしょう？ Mくんのことがちょっと心配になってしまいました。

● ● ● ● ● ● ●

解説

心配しなくても大丈夫ですよ。Mくんのように、独り言のように話をしながら遊んでいる姿は、3歳を過ぎた子どもに普通に見られることです。それも、きちんとした文章ではなくカタコトのことばを、自分自身に言い聞かせているようにつぶやいたりするようになります。ピアジェ（p132参照）は、子どものこのような発話を、**自己中心語**と呼びました。

自己中心語は、コミュニケーションの道具として身につけたことばを、考え

るための道具として使い始めたしるしです。考えるということは、頭のなかで自分自身と会話すること（**自己内対話**）です。皆さんも、何か難しいことを考えるとき、頭のなかで「こう考えられる」「こうかもしれない」などと自分と話していることがありますよね。この時期の子どもは、それまで他者に向けて発していたことばを、考えるための道具として使うようになります。ヴィゴツキー（p135参照）は、他者とのコミュニケーションのために声に出して発することばを**外言**、思考のために声を出さずに頭のなかで発することばを**内言**と呼んでいます。外言から内言が枝分かれする過渡期に現れるのが自己中心語というわけです。つまり、自己中心語は、ことばが思考の道具になっていく段階で、内面化が不完全なまま外に現れてしまった内言だということができます。ちなみに、ピアジェは、自己中心語は他者に伝えるためのことばが中途半端になってしまっているものだと考えましたが、後に否定されています。

　小学校に入る頃までには、内言が発達し、子どもは声を出さずに頭のなかだけで考えることができるようになります。しかし、考えに行き詰まったり、難しい問題に直面したりすると、それ以後も自己中心語がみられることがあります。もちろん、おとなになってもそれは同じです。直子さんも、きっと家で大学の課題をやっている時には、ぶつぶつ言いながらやっていますよ。

　直子さんはMくんに声をかけて怒られてしまいましたが、Mくんのように、ひとり遊びをしている子どもには、すぐに働きかけないで、少し見守るということも大切なことなのです。

（エピソード・解説：天野陽一）

32 ことばの発達④：質問期と語彙爆発（保育所実習）

「どうして？」

　今日はとても天気が良かったので、4歳児クラスの子どもと近くの公園までお散歩に行きました。保育所実習も終わりに近づき、子どもたちともうまく関われるようになってきました。
　保育園から外へ出たところで、ちょうちょが1匹、私たちの方へひらひらと舞ってきました。子どもたちは「ちょうちょだ！」と大喜びで、帽子を使って捕まえようとする男の子もいました。その時、私の側を歩いていたKちゃんが、そのちょうちょを指さして「なんでちょうちょって飛ぶの？」と聞いてきました。私は、一瞬迷いましたが「ちょうちょは、羽があるから飛ぶんだよ」と答えると、Kちゃんは「Kも羽がほしいな」と言っていました。それを聞いて、やっぱり子どもはかわいいなと思いました。
　しばらく歩くと、ずっと先頭を歩いていたHくんが、立ち止まって空を見上げていました。「どうしたの？」と聞くと、Hくんは「先生、どうして空は青いの？」と聞いてきました。急にそんなことを聞かれてとても困ってしまい、「先生もわからないなあ」と答えたら、Hくんは、ちょっと不満そうな顔をしていました。
　どうして空が青いのかなんて私も知らないし、どう答えてあげるのがよかったのか、考えてしまいました。

解　説

　直子さんは、難しい質問をされて大変でしたね。「なんで？」「どうして？」という質問をしてくることは、3歳を過ぎた子どもたちにはよくあることで、この時期を、**質問期**といいます。
　質問期は2歳頃から始まります。子どもは、モノには名前があるということを理解し、いろいろなモノの名前に興味をもち始めます。そして、目にするものを次々と指さしては、まわりのおとなに「これなあに？」という質問をぶつけるようになります。この頃には、子どもが自分から物に名前をつけようとする様子が見られることから、**命名期**とも呼ばれます。この時期は、子どものことばのレパートリーが飛躍的に増える**語彙爆発**の時期でもあります。つまり、

この時期は、おとなの話を聴いたり、おとなに質問したりして、語彙を増やしている時期ということができます。
　3歳を過ぎた頃には、KちゃんやHくんのように、「どうして？」「なんで？」という理由や因果関係についての質問をよくするようになります。この時期の子どもは、物事の関係や変化について興味をもっているのです。名前をたずねる前半の時期を第1質問期、理由をたずねる後半の時期を第2質問期と呼ぶこともあります。
　子どもは、一度答えたモノでも、しばらくしてから同じモノを指さして何度も質問をくり返したりすることもあります。そういった時には、質問して答えるというやりとりそのものを楽しんでいるかもしれませんので、こちらから子どもに質問してみるといいかもしれません。
　では、直子さんはどう答えてあげるのがよかったのでしょうか。これについては、一つの正解があるわけではありません。「Hくんはどう思う？」と聞き返すことで、子どもに考えさせてもよかったかもしれません。あるいは、わかる範囲で答えてあげるとか、後から一緒に調べてみる、といった対応も考えられます。
　いずれにせよ、この時期の子どもたちは、こういった質問をするものだということを理解しておくことがまずは大切です。その上で、無理のない範囲で子どもの好奇心に応えられるとよいでしょう。

（エピソード・解説：天野陽一）

33 心の理論
：他人の立場で考える（子どもフェスタ）

主人公の気持ち、わかったのかな？

　今日は、附属の幼稚園の子どもたちを短大に招待していろいろなイベントを行う子どもフェスタでした。私の担当は、子どもフェスタでもっとも大がかりなオペレッタのシナリオと小道具でした。私は、子どもたちに友だちを大切にすることの良さをわかってほしいと思って、主人公が仲間と一緒に宝探ししながら旅をする冒険の物語を作りました。

　子どもたちが集まり、いろいろなゲームや合唱などさまざまな出し物のあと、最後にオペレッタの順番が来ました。私は出演するわけではないけれど、自分が書いたシナリオなので、子どもたちにうまく伝わるか、すごく緊張してきました。幕が上がったとたんに子どもたちの目が輝いて、ずっと身を乗り出して見てくれていました。みんなの歌と踊りもうまくいき、子どもたちの喜んでいる姿を見て、とてもうれしくなりました。

　ただ、思ったようにいかなかったところもありました。それは、敵役の人が岩に隠れて主人公を待ち伏せするシーンです。子どもたちにハラハラしてもらおうと思って待ち伏せの場面を作ったのですが、年長組の子どもたちは「危ない！　あそこに隠れている！」と主人公に教えようと騒いでくれていて、私のねらいどおりうまく伝わったようでした。しかし、年少組の子どもたちは、そんなことは何ひとつわかっていないようでした。年齢によって、わかることとわからないことがあるようで、まだまだ勉強と工夫が必要だと感じました。

　でも、みんなで夜遅くまで残って作り上げるのに大変なこともたくさんありましたが、子どもたちのうれしそうな顔を見て、一瞬でこれまでの苦労が報われて、すごく幸せな気持ちになりました。

解　説

　直子さんは、待ち伏せのシーンの意図が年少の子どもに伝わらなかったことを反省としてあげていましたが、年少の子どもにだけ伝わらなかったのは、なぜでしょうか？
　このシーンをハラハラしながら楽しむには、敵が岩に隠れているという事実

を、主人公が知らないということを理解できないといけません（このように事実とは異なったことを信じていることを誤信といいます）。自分や他人の誤信を理解することができるようになるのは、4歳くらいからです。年長の子どもは、敵が隠れていることを主人公が知らないこと（誤信）がわかるので、一生懸命教えようとしていました。ところが、3、4歳の年少の子どもの多くは、敵が隠れていることを自分が知っているのだから、当然、主人公も知っていると思っているわけです。そのため、直子さんが意図したように、年少の子どもたちは反応してくれなかったのです。

　このような誤信の理解には、**心の理論**という心理的な発達が関係しています。心の理論とは、人には目に見えない心というものがあることを理解し、人の行動には心が関係しているということを理解するための枠組みといえます。そして、心の理論に基づいて、われわれは他人の心を理解しています。たとえば、笑顔で話している人を見ると、きっと何かよいことがあって楽しい気持ちなんだろうと考えたりしますね。これは重要な心のはたらきで、自閉症やアスペルガー症候群などの広汎性発達障がい（「自閉症」p104参照）は心の理論がうまく機能していないことが関係しているのではないかと考えられています。

　他者の心のはたらきを理解するためには、他者の視点に立って世界を見る必要があります。その第一歩が、共同注意です（「共同注意」p40参照）。生後7ヵ月頃になると、子どもは他者の視線の先にあるものを知ることで、他者が何に関心を向けているか理解できるようになります。さらに、1歳から2歳にかけて、子どもは人をからかったり、だましたりするようになります。たとえば、弟が遊んでいるおもちゃをお兄ちゃんがケラケラといたずらっぽく笑いながら取り上げたり、本当はお菓子を食べたのに「食べてないよ」とうそを言ったりします。子どもたちのこういった行動を見た時、意地悪だとか性格が悪いというように考えるのではなく、心の理論が発達してきていて、その機能を使って楽しんでいるんだと思いながら関わっていくとよいのではないでしょうか。

（エピソード・解説：堀　洋元）

34 ことばの発達⑤
：一次的ことばと二次的ことば（幼稚園実習）

お手紙ごっこ

　今、実習先の幼稚園の年長クラスでは「お手紙ごっこ」がはやっています。私も、毎日のように誰かからお手紙をもらいます。お手紙といっても、絵だけのも、文字のつもりみたいだけどまったく読めないのもあります。一番多いのは、「せんせい　だいすき」という手紙です。書きなれた子は、「せんせいは　なにの　どうぶつが　すき？　わたしは　はむすたあ」なんてことを書く子もいます。

　お手紙をもらったら、必ず返事を書くことにしています。子どもたちが帰って、掃除も終わってから、先生たちは皆でお茶を飲みながらお手紙の返事を書くのが日課になっています。私も一緒に書いていますが、これがとっても楽しい時間なんです！　面白いお手紙があるとお互いに見せあったり、なんて書いてあるのかわからないのを皆で解読したりしています。お手紙は、直接話しているのと違って、聞き返すことができないので、文字が読めても何が言いたかったのかわからないものも多いです。

　先輩の先生から、返事の書き方もアドバイスをもらいました。まずは、ひらがなでていねいに書くこと、そしてお手紙をもらってうれしかった、という気持ちを必ず伝えることです。それから、「せんせいは　ねこ！」のように省略せず、「せんせいは　ねこが　すきだよ」とちゃんとした文章を書くことです。字も内容も、子どもたちの書きことばの見本になっていると思うと、適当にはできないな、という気持ちになります。一生懸命お返事を書いていると、ついつい今日も帰るのが遅くなってしまいました。

解　説

　6歳くらいになると、多くの子どもが文字に興味をもつようになり、なかにはこのクラスの子どもたちのように、文字を書ける子どもも出てきます。書きことばやたくさんの人に向かって一方的に話をする時のことばのことを、**二次的ことば**といいます。

　子どもが話し始めてから6歳くらいまでのあいだに話すことばは、そのほとんどが目の前に相手がいて、対話するかたちで語られることばです。これを、

一次的ことばと呼びます。一次的ことばでは、たいてい親しい人を相手にしているので、相手は自分のことを知っているし、状況や経験もある程度共有しているので、ことば足らずでもわかってもらえることが多いでしょう。また、言ったことがよくわからなければ聞き返したり、質問したりして会話が進んで行き、たいていの場合、最終的には話したかった内容を伝えることができます。

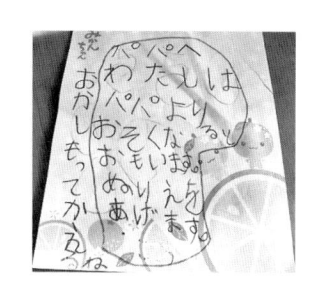

　それに対して、二次的ことばの場面では、聞き返したり、質問したりすることなく、自分ひとりで文章を完成させなければなりません。聞いている人や読んでいる人が何を知っているか、どう言えばわかってもらえるかなどを自分で考えながら、自分をコントロールする必要があります。そういった意味で、二次的ことばは単なる話しことばの延長ではなく、その獲得には特有の難しさがあります。たとえば、園のお便りを書く時を考えてみてください。すべての保護者に内容が正確に伝わるように、表現を考えながら書きますよね。

　エピソードにあったように、幼児期のお手紙では一次的ことばと二次的ことばが混在している状態ですが、小学生になると、書く時には二次的ことばを書くようになります。幼稚園や保育所によっては、年長になると、みなの前に立って何かを発表する機会をもうけるなどして、意識して二次的ことばのレッスンをしているところもあります。しかし、意識せずとも、ふだんの会話を通じて、先生が「だれが？」「どこで？」など質問をすることで、伝える内容を完成させるなどの形で、二次的ことばへの支援をしている場合も多いのです。

　このエピソードでは、二次的ことばを使うべきお手紙の難しさが書かれており、保育者は、そうとは知らずに二次的ことばへ向けての指導を行っています。「せんせいはねこ」では、質問が何だったかわかっている人にしか通じません。目の前にいない相手にもわかることばでの語り方の見本を、保育者は見せているのです。

（エピソード・解説：小沢哲史）

35 ジェンダー：女の子らしさ、男の子らしさ（幼稚園実習）

女の子なのに。男の子なのに。

今日、ちょっと考えさせられることがありました。年長クラスのSくんたちがクラスで一番元気な女の子Hちゃんをまじえて戦いごっこをしていました。Sくんが「今度はHちゃんが怪獣やれよ！」と言うと、Hちゃんは「えー、Sくんがやれよ！」と言いました。これを聞いて私は思わず「あらら、『やれよ』なんて、ちょっと乱暴な言葉づかいだなぁ」と言ってしまいました。すると、Hちゃんは「えー！ なんでSくんはいいのに、Hは言っちゃだめなの!?」と言い返してきました。私はあわてて「Sくんもちょっと乱暴だったね。二人とも、『怪獣の役やって』ってお願いした方がよかったね」と言いましたが、Hちゃんの言葉にはちょっとドキッとしました。たしかに、Sくんの「やれよ」は、あまり気にならなかったのに、Hちゃんの「やれよ」にはちょっとひっかかりがありました。
そのあと、こんなこともありました。お着替えをしていた時に、Mちゃんが突然叫びました。「あ、Yくん、男のくせにピンクのTシャツ着てる！」それにつられてほかの子どもたちも口々に「ほんとだ！」「女みたーい」「でもSちゃんも女の子なのに青いTシャツ着てるよ」「ほんとだ、Rちゃんもだよ！」「おとこみたーい！」「おんなみたーい！」と大騒ぎです。どうしたものかとその騒ぎを見ていると、担任の先生が「いいじゃないの！ Yくんのピンクのtシャツ、ステキよ。SちゃんもRちゃんも青色が似合ってるよ。どんな色でも似合えば素敵なんだから」とその場をおさめました。でも、Mちゃんは「だって、いつもママはMにお買い物の時『女の子だからピンクがいいんじゃない』って言うよ」とちょっと不満げでした。たしかに子ども売り場に行っても男の子は青、女の子はピンクや赤というのがなんとなく決まっています。そういえば、けいちゃんが生まれた時、親戚からはピンクの洋服が届いたことを思い出しました。

● ● ● ● ● ● ●

解　説

　直子さんは、Hちゃんの「やれよ」ということばが乱暴でよくないと感じたようですが、Sくんの時にはそう思わなかったようです。同じことばなのに、女の子のHちゃんが言った時と、男の子のSくんが言った時では、違う感じ方をしたのですね。

86　＊ 第2部　保育者養成課程での学び ＊

この背景には、私たちが、普段から他人のある行動に対して、男らしい、女らしいといった見方を自然にとってしまうということがあります。たとえば、リーダーシップをとって物事を決めていく態度に対して男らしいと感じたり、細かく気が回って周囲のお世話をする態度を女らしいと言ったりします。このように、生物学的に分けられる男女の性の違い（セックス）に対して、ある社会や文化のなかで共通に理解される「男らしさ／女らしさ」、つまり、性別に基づいて社会的に期待されるふるまい方や役割をジェンダーと呼びます。ジェンダーは、行動や性格だけでなく、看護師や保育士は女性的、医者は男性的というような職業、また服装などについてもあてはめられます。実際には、リーダーシップをとれる女性もいれば、男性保育士もいるのはみなさんも知っていますね。

　このエピソードでは、直子さんが「思わず」注意してしまったというところに注目しましょう。もし、Hちゃんが「Sくんだって……」と言わなかったら、直子さんはこの問題について考えなかったかもしれません。ジェンダーは社会に浸透しているものの見方なので、なかなか気づきにくいのです。

　しかし、このような女らしさ、男らしさへの期待は、個人がやりたいことを自由に行うことへの障害となることがあります。ピンクの服を着たYくんがからかいの対象になってしまいましたが、本来どんな色の服を着るかは、本人の自由として誰にも非難されることではありません。

　保育者は、「男だから」「女だから」という見方をしないで、それぞれの子どものことをきちんと理解していくことが大切です。

　　　　（エピソード・解説：亀井美弥子）

＊ (35) ジェンダー：女の子らしさ、男の子らしさ ＊

36 最近接発達領域
：どこまで手助けするのがいい？（幼稚園実習）

子どもに教えるコツ

　幼稚園の年中クラスでは、今折り紙が流行っています。KちゃんとTくんとUちゃんの3人が「先生、折り紙しよう！」と折り紙の本を持って私の所に来ました。私が「何折る？」というと、「やっこさん！」というので、さっそくお手本を見せて、丁寧に説明しながらやっこさんを折り始めました。でも、Tくんは、なかなか折り紙をきっちり三角や四角に折ることが難しいらしく、「できない、できない」と困り顔でした。それに対して、KちゃんとUちゃんは、ところどころ難しく私が手伝ってあげた部分もありましたが、熱中してやっこさんを折りあげていきます。とっくに折り終わってしまった2人を見て、まだ半分も折れていないTくんは、「ぼくやめるー」と言って、ぷいっとそっぽをむいてしまいました。私は慌てて、「じゃあ、今度は違うのやろうか？」と言って、もっと簡単なふねを折ることを3人に提案しました。そしてTくんに丁寧に折り紙のはじとはじを合わせて折ることをゆっくり説明しました。すると、Tくんは今度は真剣な顔で私の話を聞き、一生懸命折り紙を二つ折りにしました。私が「そうそう、じょうずにできたね」と言うと、Tくんはとってもうれしそうな顔をしました。ところが、ほかの2人はやや物足りなさそうな、手持ちぶさたな感じでした。そしてそれが終わると、2人は今度はやっこさんよりも難しいつるが折りたいと言ってきました。<u>子どもそれぞれが楽しく熱中して折り紙をやるには、ちょっとだけ助けてあげるくらいの難しさがいいのかな</u>、となんとなく思いました。

解　説

　直子さん、なかなかいいところに気がつきましたね。実は以前から、この「ちょっとだけ助けてあげるくらいの難しさ」というのが、人が何かを学ぶ際に重要なことだといわれてきました。ロシアの心理学者のヴィゴツキー（p135参照）という人は、子どもが自分ひとりでできることと、おとなや仲間が少し手助けしてならできることのあいだのズレの範囲を**最近接発達領域**と名づけ、おとなはその部分に注目して子どもを教育することが必要だと言いました。このエピソードでは、KちゃんとUちゃんが手助けなしでひとりでも折れるふねとちょ

88　＊　第2部　保育者養成課程での学び　＊

っと手助けしてあげたらできたやっこさんとの難しさのズレの範囲が最近接発達領域となります。

　おとなからみると簡単なことでも、子どもはひとりでできないことがたくさんあります。それに対して、単純にこの子はできる、この子はできないというとらえ方をするのではなく、この子は今はひとりでできないけれども、これからできるようになるのだという見方でみることが大切です。最近接発達領域の考え方からは、もし何かができない子どもがいたら、ではどこまでならひとりでできるのかをまずよく観察し、そこから少し手助けを与えてできることを探してあげることが大切です。そうやって保育者や大人の側が最近接発達領域を見つけてあげることで、子どもは課題に取り組む意欲をもち、実際に課題をのりこえていくことができるのです。

　とはいえ、ひとりでできることと、手助けしてあげればできることは、子ども一人ひとりに違いがあります。大切なことは、その一人ひとりの最近接発達領域を見極めることだといえます。ひとりでできることは当然それぞれ違うとして、どれだけおとなが手助けすればできるのかにも違いがありますし、おとなが手助けした上で、どこまで難しいことができるかにも違いがあります。

　ヴィゴツキーは最近接発達領域について「発達の果実ではなくて、発達のつぼみ、発達の花」と言っています。このように、できること＝果実だけを求めるのではなく、一人ひとりの花のつぼみをどのように育てていくのかが保育者の視点として求められるかもしれません。

（エピソード・解説：亀井美弥子）

＊ (36) 最近接発達領域：どこまで手助けするのがいい？ ＊

37 認知機能の発達：順序と因果関係の理解（幼稚園実習）

はじめての部分実習：絵本の読み聞かせ

　実習先の幼稚園で、今日はじめての部分実習として、4歳児クラスで絵本読みをさせてもらいました。いろいろ悩みましたが、実習中の子どもたちが、とても食べ物に興味をもっていたので、何か食べ物の話の絵本にしようといろいろ考え、担任の先生とも相談して、「がぶり　もぐもぐ」という絵本を読んであげることにしました。この本は、ある夜、地面から顔を出した小さな葉を、イモムシが食べ、そのイモムシをカマキリが食べ、そして最後には人が食べるという食物連鎖のしくみがわかるような絵本なので、この絵本を読んで、ストーリーを楽しむだけでなく、命や食べものの大切さなどについても感じてほしいと思い選びました。
　始まる前はどうなることかとても心配でしたが、お母さんやお姉ちゃん、けいちゃんを相手に、何日も前から何度も何度も練習したおかげか、絵本を読み始めると子どもたちはみんな興味深く聴いてくれて、すごくうれしくなりました。しかし、絵本を読んだ後のあとのふり返りでは、「人が食べたのは何かな一」、「じゃーその前は何だったかな一」と、子どもたちからふり返りの言葉を引き出そうとしたものの、うまく子どもたちからことばを引き出せなくて、どうしたらいいのか困ってしまいました。絵本を読んでいる時はみんなあんなに一生懸命に見てくれていると思っていたのに、うまく伝えられなかったようでした。まだまだ、読み方やふり返りなど、もっと勉強しないといけないなと思いました。

解　説

　絵本の読み聞かせの練習は事前にできても、ふり返りは子どもたちの反応によっていろいろ変わります。その点では、経験も必要ですし、絵本の読み聞かせで一番難しいのはふり返りかもしれません。
　今回、直子さんのふり返りがうまくいかなかったのは、単に経験などによるものだけでなく、子どもの認知機能の発達的な変化も関連しているかもしれません。今回、直子さんは、話の順序とは反対の方向（後ろから前）にふり返らせようとしていました。反対からふり返るには、すべてを記憶しておくことが必要になります。一連の順序で提示したもの（たとえば、数字など）を、その順序

で思い出すこと（順唱）と比べて、反対の順序（逆唱）で思い出すことの方が難しいものです。

　また、ふり返りのなかでは、子どもたちは絵本のストーリーや場面を思い出しながら、それらを整理してうまく話を作っていくことも必要になることもあります。このような場合に、見た順番どおりに整理して話すことと比べて、反対の順序で考えたりするのはなかなか難しいようです。たとえば、内田（1985）の研究では、①子どもがころんだ絵と②子どもがひざを抱えている絵を見せて泣いている絵の2つの絵を、子どもたちに①→②のように原因から結果となるように見せたとき（順向条件）と比べて、②→①のように結果から先に見せるようにした場合（逆向条件）は、子どもたちには難しいことがわかっています（図）。

　もちろん、絵から話を作るのと、思い出すことでは違いもあるかもしれませんが、もしかすると、今回うまくいかなかったのは、このような子どもの認知機能の発達とも関連しているのかもしれません。同じやり方でも年齢が変われば、子どもたちの反応も変化していきます。実習で大事なことは、うまくできたとか、できなかったという結果ではなく、子どもの発達を理解し、どのように関わればよいのかを学ぶことです。短い実習期間で子どものことをより理解するには、今度は違う年齢のクラスで同じやり方をやってみたりすることも良い方法だと思いますよ。

統合課題に用いたカードの例（内田, 1985より作成）　　**順向・逆向条件下の統合的結合の平均反応数**（内田, 1985より作成）

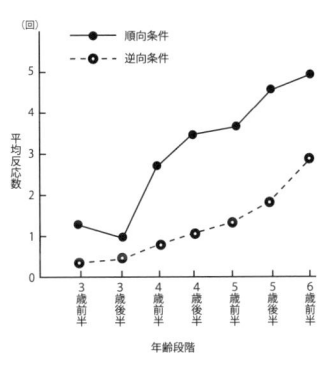

（エピソード・解説：岡部康成）

＊（37）認知機能の発達：順序と因果関係の理解＊

38 乳幼児へのメディアの影響
：テレビとのつきあい方（幼稚園実習）

テレビっていいの？　悪いの？

今日、年少児クラスの全員を相手にかみしばいで一休さんのお話を読んでいました。ところが、お侍さんが出てくる場面で、Aちゃんが「こわい、こわい」と言って、両手で目を隠したまま、大泣きしてしまいました。「こわいお話じゃないよ」と優しく話しかけても泣きやまないので、仕方なくAちゃんだけお話が終わるまでブロックをしていることになりました。あとでそのことを担任の先生に話すと、「Aちゃんは、テレビで時代劇の斬り合いを見てから、お侍さんのカッコをしている人を見ると怖がるようになっちゃったんだって」とのことでした。

それから、お昼にグループで給食を食べている時、Bくんが席を立ち上がろうとしたので、「座って食べようね」と声をかけると、「そんなのかんけいねえ！」と叫びました。私は一瞬ちょっとムッとしてしまったのですが、まわりの子どもたちがどっと笑ったので、すぐに最近テレビでよく見かけるお笑い芸人のマネだと気づきました。

私は3歳といっても、けっこうテレビを見ているんだな、それによっていろんなことを吸収しているんだな、と感じました。同時に、短大で小さい頃からのテレビの見過ぎはよくないと習ったことを思い出しました。そのことを保育時間終了後に担任の先生に話すと、「うん、でも少しくらいならお母さんが忙しいときに手が離れて助かるよね、それに家族で楽しんで見られる番組もあるし。テレビづけはよくないけど、その子の成長に合わせた番組を選んで見せてあげられるといいね」ということでした。<u>テレビって今まで適当に見てたけど、子どもにとってどんな影響があるのか、知りたくなりました。</u>

● ● ● ● ● ● ●

解　説

　直子さんはテレビをめぐっていろいろと考えさせられたようですね。テレビを含め、書籍・新聞・雑誌、ラジオ、写真や映画、インターネットなど情報を表現したり、伝達したりする手段のことをメディアといいます。そのなかで、一番家庭のなかに浸透しているものがテレビやビデオ（DVDなど）です。

　テレビやビデオの長時間視聴による子どもへの弊害は以前から声高に叫ばれ

ています。たとえば、過激で暴力的な内容に対する恐怖心の喚起や模倣行動、映像を長時間注視することからくる身体的な負担や不利益（たとえば、目や耳への悪影響、運動不足）、情報を長時間受動的に受けとることによって、能動的、相互的コミュニケーションの機会を奪うことなどがあげられています。しかし、テレビそのものに本当にこのような子どもへの悪影響があるのか、必ずしも研究者によって意見の一致がみられていません。

　また、1歳前の赤ちゃんが長時間テレビを見ているのと、4歳児がテレビを楽しんで見ているのではまったくその意味が違います。周囲の人とのやりとりや、さわったりなめたりといった感覚的な運動が発達の重要な栄養素といえる乳児期に（「ピアジェの発達理論①」p54参照）、テレビを長時間見せ続けて、それらの機会を奪うことは、やはり問題だといえます。しかし、ある程度コミュニケーションの力や社会的ルールを理解する力をつけた4歳児が、教育番組を見ることや、あこがれをもってヒーローものを見て、それをもとに友だちと闘いごっこをすることはどうでしょうか。テレビによって学ぶことや、広がる世界がありそうです。さらに、担任の先生が言っていたように、テレビを見せる時間をうまくつかって家事をこなしているお母さんもたくさんいます。そもそもこれだけ家庭にテレビ視聴が普及した現状で、子どもにだけテレビを禁止するのは非常に難しいでしょう。

　しかし、だからといって当然テレビやビデオ（DVD）ばかりの毎日がよいはずはありません。それは単純にそれらが悪いというよりも、それらを見ていることでほかのさまざまな体験をする時間が奪われ、体験の幅が狭くなっていることが問題だといえます。テレビやビデオだけでなく、絵本や音楽（CD）といったほかの子ども用メディアも利用しつつ、テレビとのつきあい方をおとなが主体的に考えて進めていくことが大事なのではないでしょうか。

（エピソード・解説：亀井美弥子）

39 偏見：他者を理解する時の傾向（幼稚園実習）

思い込みで注意しちゃった……。

実習中に子どもにちょっと申し訳ないな、と思うことをしてしまいました。年中クラスのOちゃんはお片づけが得意です。たくさんのおもちゃを出しておままごとをしていても、お片づけの時間になるとすぐにきちんともとのところにしまうことができます。それに比べてNくんは、時間になってもいつまでも遊んでいるか、「お片づけしてくださーい」の声がかかっても、2、3個おもちゃを片づけただけで、「終わった」とすぐにその場から立ち去ってしまいます。OちゃんもNくんもおままごとが大好き。どうしたら、Oちゃんみたいに、Nくんにけじめをつけてお片づけをしてもらえるだろう、とちょっと気にかかっていました。

今日、たまたまお片づけの時間を過ぎてからおままごとコーナーを見ると、おもちゃがまだ散らかっていました。私はとっさに「またNくんだな」と思って、「Nくん、お片づけまだ終わってないみたいだね、いっしょに片づけようか」と声をかけました。Nくんは、ちょっと「え？」という表情を浮かべてから、「ぼくじゃないよ」と言いました。すると、そこにOちゃんが来て、「先生、私おトイレ行ってたの。ごめんね。これからお片づけするね」と言いました。聞いてみると、Nくんは今日はおままごとを早々に切り上げて、ブロックで遊んでいたとのことでした。私はNくんに「ごめんね。先生、はやとちりしちゃった」と謝りました。

解　説

直子さん、今日は失敗してしまったようですね。まちがっていたことを認めて、すぐに謝る姿勢には感心します。

直子さんのような勘違いは、実は私たち人間がよくやる間違いで、そこには人間が他人のことを理解する時の特徴によるものです。私たちは一般的にある人の行動を見て、その人らしさを感じとります。たとえば、Nくんのようにいつもお片づけができない子に対してだらしがないとか、きちんとしていない性格の子だと感じます。そして、一度だらしがない子だと思うと、次もそうだろうと考えがちなのです。

このような見方は、人それぞれの個性を把握するためには必要なのですが、それが偏った見方につながってしまうこともあります。とくに、それがある社会的集団に対して否定的なものとつながってしまった時、それは**偏見**と呼ばれます。たとえば、性別によって「男だから……」とか「女だから……」と否定的にみてしまうことも偏見になります（「ジェンダー」p86参照）。また、外国人の子どもや障がいをもった子どもを担当することになった時、ほかの子どもでも行う可能性のある困った行動に対して、「外国人だから……」「障がいのある子だから……」と理由づけてしまうことも偏見といえます。

　日常の保育の現場で考えてみると、屋内でのおとなしい遊びを好む子どもたちと屋外での活動的な遊びを好む子どもたちがいます。私たちはつい、屋外での遊びを好む子どもに対しては、活発で、少々乱暴な面のある外向的な性格の子どもたちというとらえ方をしがちです。しかし、屋外での遊びを好む子どもたちがすべて活発で、外向的な性格をもつわけではないし、逆におとなしいと思われがちな屋内の遊びを好む子どものなかにも、きかん坊や怒って暴れてしまう子どもがいるのです。

　子どもたちを、その子が所属する集団の一般的なイメージや思い込みから「この子はこういう子だ」と決めつけるのではなく、一人ひとりの子どもをきちんと見て理解し、その子に合った保育をしていくことが大切なのです。

（エピソード・解説：亀井美弥子）

＊（39）偏見：他者を理解する時の傾向　＊

40 ピグマリオン効果
：思い込みが現実に！（幼稚園実習）

大学教授の子どもだから

　今日担当したクラスのWくんは、お父さんが大学教授だそうです。大学教授の子どもだから、やっぱり頭がいいなと感じることが何度かありました。

　自由遊びの時間には、Wくんは虫採りに夢中でした。そばで見ていると、いろいろな虫を捕まえてきては、「これは○○だよ」とか、教えてくれました。まだ5歳くらいなのに、私の知らない虫の名前もすごくたくさん知っていて、すごいなと感心しました。

　その後、積み木で遊びましたが、Wくんは積み木をうまく積んで、りっぱなお城を造っていました。そういえば、大学の講義で知能検査について少し学びましたが、たしか積み木などを使って知能を測るといっていました。やっぱり、知能が高いから、積み木を積むのがうまいんだろうなと思いました。

　保育後に、園長先生に「Wくんってやっぱり頭いいですね」、とお話をしました。そうしたら、園長先生からは、「そう思われる子どもの気持ちになってごらんなさい」と少し厳しく言われました。子どものことを頭がいいって思うことの、何かいけなかったのかなと悩んでしまいました。

解　説

　直子さん、「Wくんは大学教授の子どもだ」という先入観で子どもを見てしまったことがいけなかったんですよ。以前のエピソード（「偏見」p94参照）では、人間が他人を見る時には、偏見や思い込みをもってしまいがちであることを学びました。今回も、直子さんは「大学教授の子どもだから頭がいいはずだ」という思い込みで子どもを評価してしまいました。このような偏見や思い込みを保育者や教育者がもってしまうと、子どもにどんな影響があるのでしょうか。

　先生が子どもに対して好意的な期待をしていると、子どもの側もその期待に添うようになっていくという現象が見られることがわかっています。このような現象は**ピグマリオン効果**または**教師期待効果**と呼ばれています。つまり、「頭

が良い」と思われていた子どもは、その期待に添うように本当に成績が良くなっていくということです。

　ピグマリオン効果について、ローゼンソールという研究者は、次のような研究で証明しています。ある小学校で「このテストによってその後の子どもの成績の伸び方がわかりますよ」と先生に伝えてテストを実施し、その成績優秀者（つまりこれから成績が伸びると思われる子ども）をクラス担任の先生に教えました。でも実はこれは"うそ"で、実際に先生に伝えられたのは、成績とは関係なく、研究者が適当に選んだ子どもたちでした。ところが、そこで先生に名前を伝えられた子どもたちは、数ヵ月後のテストで実際に成績が伸びていたのです。なぜうそだったのに成績が伸びたかというと、先生は「これから成績が伸びる」という期待をもった子どもに対しては、知らず知らずのうちに、問題を解く時に手助けしたり、回答を待ってあげたりなど、他の子どもより多くの援助をしていたのです。簡単に言うと、先生が先入観に影響されて、気づかないうちに子どもを"ひいき"してしまったということです。

　ここで大切なのは、期待されていない子どもがますます成績が下がってしまうという現象もやはり見られることです。「できない子」だと思っていると、関心を示さなかったり、「できない子」だから仕方ないと、ほどほどの援助でよしとしてしまうということがあれば、これは保育者として適切なかかわりとはいえません。できるだけ先入観をもたないようにするとともに、先入観によって子どもの扱いを極端に変えていることはないか、ふり返って自己点検することが必要でしょう。

　（エピソード：若尾良徳、解説：亀井美弥子）

＊（40）ピグマリオン効果：思い込みが現実に！＊

41 三歳児神話の重み：保育所保育への偏見（保育所実習）

3歳までは親の手で？

　今は、2回目の保育所実習に来ています。実習期間中に二者面談がありました。保護者の方と担任の先生との面談です。私たち実習生も保護者の方の許可のもと、その場に同席させていただけることになりました。Aちゃんのお母さんはAちゃんの近頃の行動について、ちょっと気になるところがあるようでした。
　担任のT先生とお母さんの会話はこんな感じでした。
　「Aはちょっとなんていうか、きかんぼうなところがあるんです。たとえば、この前も私がお片づけのことでしかったら、すごく怒ってしまって、『ママなんて知らないよ！』と言って、おもちゃを壁に投げつけたんです。このごろ、少しでも注意すると、ぷいっとふくれてしまって……」「そんなことがあったんですが」「ええ、保育園ではどうでしょうか」「たしかに、はっきりと感情を出すタイプで、いやなものはいやと言うお子さんですけど、でも、正義感も強くてお友達に対しては優しい気持ちをもったお子さんだと思いますよ。お母さんにもっとお話を聞いてもらいたくて、甘えたり、すねている部分もあるのかもしれませんね」「そうでしょうか。よく三つ子の魂百までというから、将来どんな反抗的な子どもになるのかと心配になってしまって……もっと、厳しくしつけた方がよいのかどうか迷ってたんですが……ということは、やっぱり、愛情不足なんでしょうか。1歳前から保育園に入れてしまったから……3歳までは親の手で、なんていうことも、よく言いますよね」「うーん、それは、お母さん、実は科学的な根拠がないとされているんですよ」「えっ、そうなんですか」「ええ、保育園でもご家庭と同じように愛情あふれる環境で過ごせるようにAちゃんを十分見守ってきた自信もありますし。だから、どの年齢でもAちゃんのことをよく見てあげて、その時その時に適切な対応ができればいいのではないでしょうか。よかったら、もっとご相談に乗りますよ。」
　「3歳までは親の手で」っていうのは、私も聞いたことがあって、そんなものなのかなあ、と考えていましたが、はっきりした根拠はないのだとはじめて知りました。そして、さすがT先生はベテランだけあって、しっかりとお母さんの話を受け止めてるなあと感じました。私もいつかあんな自信にあふれた先生になりたいな。

解　説

みなさんは「3歳までは親（もしくは母）の手で」ということばを聞いたことがあるでしょうか。これは、「3歳までの育て方が子どもの将来を決定してしまうので、そういう大事な時期には愛情不足にならないように親（母親）が面倒をみるべき」という考え方です。このような考え方は、それが事実かどうかは関係なく、みんながあがめていた神話みたいなものだよ、という意味で「**三歳児神話**」と呼ばれています。

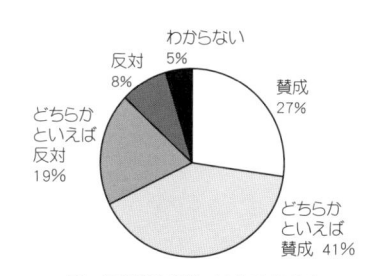

図　三歳児神話に対する考え方
（内閣府政策統括官「2005年度少子化社会に関する国際意識調査」より作成）

　三歳児神話は、長いあいだ、なんらかの理由から乳幼児期に子どもを預ける必要のあるお母さんに罪悪感をもたらしてきました。また、乳児期から保育所に通う子どもたちに対して、愛情不足のために何かが欠けている可能性のある子どもという、偏った見方をする人を生む原因にもなってきました。しかし、担任の先生の言うように、現在この考え方ははっきりした根拠のないものとされています。さまざまな研究結果では、母親の就労や保育所に入っていたかどうかが、必ずしも子どもの成長に悪影響があるわけではない、と報告されているのです。子どもと一緒にいる時間の長さより、むしろ短くとも質の高いコミュニケーションをとることが、子どもの発達にとって大切なことがわかってきました。

　しかし、この神話が子育てをするお母さんやそれを見守る周囲の人のなかに今も生きていることもまた事実です。20〜40歳代のおよそ7割弱の人が三歳児神話に肯定的な考えをしているという調査結果もあります（図参照）。Aちゃんのお母さんのような悩みや迷いは、どのお母さんも多少なりとももっていると考えるべきでしょう。

　子どもの発達に悪影響があるのは、むしろ母親の精神状態が悪いことや周囲に手助けしてくれる人がいないことです。保育者に必要なのは単に三歳児神話を否定するだけでなく、保護者の悩みを分かちあい、一緒に考えていく姿勢だといえます。

（エピソード・解説：亀井美弥子）

42 環境移行：小一プロブレムと幼保小連携（保育所実習）

クラスにとけ込めない子

　今日は5歳児クラスを担当しました。そのクラスにちょっと気になる子がいました。Hちゃんは、他の子とうまくとけ込めないでひとりでいることが多く、いつも不安そうな表情をしていました。5歳児クラスでは、ほとんどの子はほかの子と一緒に遊んでいるので、ちょっと心配になりました。気になって担任の先生に聞いてみると、Hちゃんはお父さんの仕事の都合で家族と一緒に2年くらいアメリカで暮らしていて、先週この街に引っ越してきたそうです。転園してきたばかりで不安なんだろうと思いました。私も実習期間中、できるだけ気にかけてあげようと思いました。

　午後には、小学校1年生になった卒園生のSくんが遊びに来ていました。園庭で、園児たちと一緒に、元気よく遊んでいて、年下の子たちの面倒をとてもよくみてくれていました。Sくんは、5歳児クラスの子どもたちと比べても、ずいぶんしっかりしていて、1年の違いって大きいんだなと改めて思いました。また、保育園がよっぽど好きなんだなと思いました。私も、子どもたちが卒園しても保育園に遊びに来てくれるような先生になりたいと思いました。

　職員室にいくと、Sくんのお母さんと園長先生が話していました。あとで聞いたのですが、Sくんは小学校にうまくとけ込めなくて、行きたがらないということで、保育園に相談に来ていたということでした。あんなに生き生きと遊んでいる子が不適応なんて、とても信じられません。なぜなんだろうと不思議に思いました。

解　説

　Hちゃんは、日本とアメリカでことばが違うだけでなく、生活習慣や保育園の活動、ルールなどがまったく違うため、とても混乱しているようです。Sくんの場合は、保育園から小学校に移っていくなかで、やはり新しい生活パターンや習慣、ルールを学び、新しい人間関係を作ることに戸惑っているようです。

　このように、進級や進学、引っ越し、就職などによって、生活環境が今までとは違う新しい環境に変わることを**環境移行**といいます。みなさんが高校や大学に進学したばかりの時や、就職したばかりの時を思い出してみてください。

私たちおとなであっても、環境移行は不安や緊張を感じるものですよね。人生経験の少ない子どもにとっては、環境移行はおとなよりもずっと大きな不安や緊張、混乱をもたらします。

　新しい環境に移った直後には、一見すると問題のあるように見える行動をする子どももいます。しかし、環境移行は、子どもが成長するチャンスでもあります。新しい環境では、新しい人間関係を作り、新しい習慣や活動を身につけることができます。そのなかで、子どもはさまざまな能力を伸ばしていくことができます。保育者は、子どもがスムーズに新しい環境に適応できるように支援していくことが大切でしょう。

　最近では、Sくんのように、幼稚園・保育所から小学校へ移行した時に不適応を起こすことが増えており、**小一プロブレム**などと呼ばれています。比較的自由で、個人的な対応が多い幼稚園や保育所から、集団行動が増え、多くのルールに従わなければならない小学校への移行は、子どもたちにとって大きな課題です。幼稚園、保育所、小学校が互いに連携していく必要があるということで、**幼小連携**、あるいは**幼保小連携**などといわれています。保育者は、在園の子どもたちだけでなく、卒園した子どもたちが、小学校でうまく適応できるように、小学校と連携していけるように取り組んでいくことも大切です。

（エピソード・解説：若尾良徳）

43 ADHD：「落ち着きのなさ」への理解（保育所実習）

Kちゃんのペースで、ヘトヘト

　今日は、4歳児クラスに入りました。Kちゃんという子が、さっそく私の手をとって「一緒に遊ぼう！」と、砂場につれていってくれました。Kちゃんはとても好奇心旺盛で、最初は砂山を作っていたかと思うと、今度は「山にお水かけよう！」と思いついて、あっという間にバケツに水を入れて運んできました。そのうち、砂場に水たまりができたら、今度はそのなかに入って「気持ちいいねえ！」とご機嫌で遊んでいました。
　けれど、その後とても困ったことが起きました。担任の先生が「そろそろ給食の時間だよ」と声をかけてくれ、他の子が片づけを始めた時です。私もKちゃんと一緒に片づけをしようとすると、「やだ！　まだ遊ぶの！」といって砂場から動こうとしません。それどころか、ほかの子が、片づけがおわって部屋に入っても、Kちゃんだけ、今度はジャングルジムにのぼり始め、「お姉さん！　こっちきて！」と私を誘ってきます。「Kちゃんお部屋に入ろうよ」と何度声をかけても、「やだ！」といって、部屋に入ろうとしません。一緒に遊んでいたSちゃんも、「Kちゃん給食食べなきゃだめだよ！」と怒って言いましたが、やっぱり「やだ！」といってききません。そんな時、部屋の中からB先生が「Kちゃん、今日はカレーだよ、食べるならお部屋にきてねー」と声をかけたとたん、「食べる！」と、あっという間にジャングルジムから降りて、部屋に入ってしまいました。なんだか、Kちゃんのペースにすっかりふり回されて、へとへとになってしまいました。
　お昼寝の時間になると、Kちゃんは、仲良しのSちゃんと一緒に仲良く着替えをしていました。けれど、着替えがおわるとすぐに、部屋から出て行ってしまいました。Kちゃんを迎えに行こうか悩んでいると、Sちゃんが「Kちゃんと一緒に寝る！」といって、Kちゃんを探しに行きました。そのうち、二人はとても楽しそうに手をつないで戻ってきて、仲良く隣同士で布団に入っていました。Kちゃんには、苦労させられっぱなしですが、私はSちゃんとの姿を見ていると、なんだかとてもうれしくなりました。

● ● ● ● ● ● ●

解　　説

　子どもの発達の速度や個性はさまざまで、Kちゃんのように集団行動が苦手な子もいます。そうした子は、"わがままな子"ととらえられてしまう危険がありますが、実は、「社会性の発達」に遅れがあるといった、障がいをもって

102　＊ 第2部　保育者養成課程での学び　＊

いる場合もあるのです。

　ADHD（注意欠陥多動性障がい）という障がいの疑いがある子は、外からの刺激に注意をそらされやすく、集中するのが難しい子です。このような子に、無理やりほかの子と同じような行動をさせようとすると、より逸脱した行動をとるようになってしまったり、自尊心を傷つけてしまう危険があります。

　一方で、本来は障がいなどなく、ほかの子と同じように集団行動ができる力がついているにもかかわらず、環境要因（家庭環境など）から、こうした行動が出ている場合もあります。不安定になっていて、おとなの気をひこうとしている場合もあれば、おとながなんでも手を貸してくれるため、経験不足から自分の欲求を抑えることが苦手な場合もあるのです。こうした子たちは、障がいか障がいでないかを判断するのはとても難しく、**グレイゾーン**と呼ばれることがあります。

　保育者として大切なことは、障がいかどうか判断することではなく、「その子」をよく見て理解し、どのような支援が可能か考えることです。「障がいがある子だから」とか「家庭環境に問題があるから」と考えてしまうと、無意識にその子への接し方に悪影響が出ることもあります（「ピグマリオン効果」p96参照）。

　Ｋちゃんは、たしかに集団行動は苦手なようですが、好奇心が旺盛で、発想が豊かな子です。まずはこうしたその子の良さを認めてあげることが重要です。おとなが「だめな子」とレッテルを貼ってしまうと、集団のなかに居場所がなくなってしまいます。集団行動が苦手な子であっても、友だち同士のかかわりのなかで成長、発達していくことが多いのです。そうした場面を保障するためにも、子ども同士の関係を丁寧に支えることが重要となるでしょう。

　　　　　　　　　　　（エピソード・解説：名倉一美）

44 自閉症：その子に合わせた関わり方の大切さ（保育所実習）

Rくんの個性

　今日から3歳児のクラスに入りました。みんな元気いっぱいのかわいい子たちばかりでしたが、そのなかに、どう関わったらよいのかわからず、とまどってしまった子がいました。その子はRくんといって、自閉症という障がいをもっているそうで、まだお話をすることができません。私が「Rくん、おはよう」と声をかけても、スッと行ってしまうし、お友だちと遊ぶこともなくて、ひとりでずっと棒をゆらゆら揺らして遊んでいました。一度、勇気を出して「Rくん一緒に遊ぼう！」と声をかけてみたけれど、私がいるのにも気づいていないみたいで、相変わらず棒で遊んでいます。それどころか、私が棒にさわろうとすると、邪魔されたくないようで、ふいっと横を向いてしまいました。

　また、午後のお散歩では、みんなうれしそうに友だちと手をつないで歩いている時、突然Rくんが、耳を押さえて立ち止まり、動かなくなってしまいました。私はびっくりして、「Rくんどうしたの、大丈夫」と声をかけましたが、様子は変わりません。私が「Rくん、いこう」と手を引こうとしたら、Rくんは私の手をふり払い、反対方向に走り出しそうになりました。すると、すぐに担任のA先生がやってきて、「そっか、Rくん、いつもと反対側を通ったのがいやだったんだね」というと、もう一人の担任N先生に声をかけてから、二人で道の反対側を歩き始めました。すると、Rくんは何事もなかったかのように、A先生と一緒に歩き始めました。

　土手につくと、A先生は「Rくん！」と笑顔で声をかけながら、Rくんを持ち上げてぐるぐる回し始めました。最初は興味がなさそうにしていたRくんですが、だんだん楽しくなってきたのか、そのうちけらけらと笑い始めました。私はその時はじめてRくんの笑顔をみました。A先生が、「Rくんね、こうやってぐるぐるされるのが大好きなの」と教えてくれました。そこで、さっそく私もやってみるとRくんは、とても楽しそうに笑ってくれました。また、回すのをやめると、Rくんの方から、私の手をつかんで引っ張ってくるようになりました。"もっとやって！"とRくんが伝えてきたのがわかって、とてもうれしくなりました。最初は、ほかの子と違う様子のRくんにとまどったけれど、こうしてRくんの笑顔を見ることができて、よかったなあと思いました。

解説

　Rくんのように**自閉症**（広汎性発達障がい）の子は、人とのかかわりに障がいがあったり、こだわりがあったりして、一見、関わるのが難しい子と思われがちです。けれど、自閉症の子も、まわりのおとなが、その子の障がいの特性を理解して丁寧に関われば、十分に関係を作ることができます。

　Rくんの場合は、今までと違った場面に対して強く不安を感じるようです。しかし、A先生のように、Rくんのことをよく理解していれば、適切なかかわりをすることができるのです。このように、自閉症の子に対しては、ほかの子と無理に同じ行動をさせるのではなく、その子に合わせながら、その子なりの楽しいことを探ることが大切でしょう。今回の実習で、Rくんが手をつかんで、もっとぐるぐる回してと要求しているのだと気づけたことは、とても重要なことです。ことばがまだ獲得できていないRくんにとっては、こうして手をつかむことが、要求を伝える方法なのです。それを逃さず受け止めることができれば、Rくんとのかかわりも広がっていくことでしょう。こうした要求をもっと引き出せるように関われると、ますますRくんの笑顔をたくさん見られるようになるでしょう。

　直子さんは、今回Rくんと出会ったことで、自閉症とはどういう障がいなのか、少し理解できたかもしれません。しかし、自閉症といっても、みんな一人ひとり違います。「この子は自閉症児」と障がい名で決めつけるのではなく、今回、Rくんの笑顔を引き出すことができたように、今後も「その子」のことを理解する視点を忘れないようにしましょう。

（エピソード・解説：名倉一美）

45 知的な障がい：ペースの違いを受けとめる（保育所実習）

お誕生日会

　今日は、5歳児のクラスで実習をしました。ちょうど誕生会の日で、みんなでホットケーキを作りました。どの子も楽しそうに、わくわくしながら作っていました。最初に先生が作り方を説明すると、それをよく聞いて自分たちでどんどん作り始めているので、5歳児になるといろんなことができてすごいなあと感心しました。

　そんななか、先生から「Cちゃんはまだひとりで作るのは難しいから、ついてあげてもらえる？」と声をかけられました。Cちゃんは知的障がいのある子だそうです。そこで私はCちゃんのそばに行って、一緒にホットケーキを作ることにしました。

　Cちゃんは、お友だちがホットプレートで焼いている時、早く焼きたくて仕方がない様子で、「Cちゃんは？　Cちゃんは？」と何度もきいてきます。「Jくんの次だよ。もうちょっと待っててね」と伝えましたが、それでも「Jくんの次？　まだ？　まだ？」とまたきいてきます。そこで、「Tちゃんが焼いて、Jくんが焼いて、そしたらCちゃんだよ」と伝えると、「Tちゃんが焼いて、Jくんが焼いて、そしたらCちゃん」と私の言葉をくり返して、にこにこ笑いました。そして、順番を待ちながら、TちゃんやJくんのホットケーキが焼きあがると、うれしそうに「うわあ焼けた！」と喜んでいました。次にCちゃんの番になり、Cちゃんはうれしそうにお玉を持って、ホットケーキを焼き始めました。けれど、生地を流し込むのが難しかったようで、ホットケーキが丸くなりませんでした。とたんに、「へんになっちゃったよー」とショックな様子で、落ち込み始めました。あわてて私は「大丈夫だよ。こうすれば治るよ」と形を整えてあげました。しばらく落ち込んでいたCちゃんでしたが、なんとか形が直り、「Cちゃん、一緒にひっくり返そう？」と声をかけ裏返すと、またうれしそうに「うわあ焼けた！」と笑顔になりました。

　出来上がったホットケーキには、飾りつけもしました。一時は、どうなるかと思いましたが、完成したホットケーキを「おいしい」とうれしそうに食べていたCちゃんを見て、すてきな誕生会になって一安心しました。

解説

　5歳児になると、いろいろなことが自分でできるようになります。今回のホットケーキ作りのように、先生の話を聞いて自分たちで準備をし、友だちと順

番を守って焼くといったこともできるようになります。しかし、なかにはそれが難しい子もいます。Ｃちゃんのように**知的障がい**と呼ばれる障がいをもつ子は、ほかの子どもたちより、ゆっくりといろいろなことを身につけていきます。そうした子には、一人ひとりに合わせて丁寧に関わっていくことが重要です。

　今回、Ｃちゃんは、順番を理解することが難しかったようです。それに対して、直子さんは、わかりやすく「Ｊくんの次」ということを伝えていました。そのことで、Ｃちゃんが納得して、待つことができていました。おそらく、直子さんは、5歳だから順番を理解して当たり前という意識をもたなかったのがよかったのでしょう。また、ホットケーキがうまく焼けず落ち込んでいたＣちゃんに対し、丁寧に関わり励ましてあげたことで、また笑顔を取り戻させることができていました。こうしたかかわりは、とても大切なことです。発達に遅れのある子は、どうしても失敗経験が多くなってしまい、周囲の人のかかわり方ひとつで、自信をなくしてしまう危険があるからです。そうならないように、一つひとつを丁寧に、わかりやすく伝えながら、支えていってあげることが必要でしょう。また、だからといって、なんでも手を貸してしまうのではなく、その子なりの育ちを見極めながら、自分でやろうとする姿も大切にしてあげましょう（「最近接発達領域」p88参照）。

　自閉症と同じように（「自閉症」p104参照）、知的障がいといっても、できることできないことがみんな一人ひとり違います。「知的障がいだから」と考えるのでなく、目の前にいる「その子」のことを理解し、その子にとって最善の支援をしていくことが大切です。

　　　　　　　（エピソード・解説：名倉一美）

＊（45）知的な障がい：ペースの違いを受けとめる＊　*107*

46 ギャングエイジ：同性グループの仲間意識（施設実習）

秘密基地

　児童養護施設での施設実習が始まり、はじめて小学生と関わることになりました。これまでの実習では乳幼児との関わりしかなかったので、小学生は十分に会話ができるし、いろいろなことを知っていて驚きました。今日は小学校中〜高学年の男の子たちの担当でした。早く仲良くなりたい、受け入れてくれるかな、と期待と不安でいっぱいでした。

　食堂に行くと、下校して帰ってきた男の子たちが4〜5人で話をしているので、思い切って「何の話かな？」と話しかけてみました。すると、その中の一人H君が「じゃあいこうぜ」と言って、全員で外に出ていきました。まるで私のことが目に入っていない様子でした。ちょっと興味があったので、私も外に出てみることにしました。ところが、外に出ると、もう姿が見えません。そこに、そのなかでも一番幼いM君が遅れて走っていく姿を見つけ、「どこに行くの？」と聞いてみると「秘密」としか答えてくれません。秘密ってなんだろうと、とても興味がわきました。そこで、M君の後を追っていってみると、一番奥にある改築中の建物の資材置き場に、先ほどの男の子たち全員がいました。男の子たちは、一斉に私をけげんそうな顔で見てきました。H君が私を遮るようにして、「何しに来たの？」とたずねてきました。私は「仲間に入れて欲しいから追いかけてきたの」というと、少し考えてから「ダメだよ。ここは俺たちが作った、俺たちだけの場所だ。入れないよ、女だし。な、みんな」「そうだよ。ダメだ。女は入れない」ときっぱり断られました。よく見ると、たしかに女の子はいません。男の子同士の秘密の場所のようです。奥には廃材で囲った小さな小屋のようなものが見えます。きっと、みんなで一生懸命作ったのだろうなと感心してしまいました。「すごいね」というと、少し誇らしげに「秘密基地だからな」とぶっきらぼうに教えてくれました。でも、すぐに「早く帰ってくれよ、俺たちだけの基地なんだから」と追い返されてしまいました。早くも、男の子たちの遊びに関われない、という壁にぶつかり、明日からどのように関わったらいいのかと不安になりました。

解　説

　直子さん、小学生の男の子たちと関係を作るのに苦労していますね。小学生の時期を、**児童期**と呼びますが、児童期中期くらいになると、仲間意識が強くなって同性の固定的なメンバーでいつも遊ぶようになります。

エピソードの男の子たちは自分たちだけの「小さな組織」を作り、そこだけのルールに従って楽しんでいる様子でしたね。同性のグループ、つまり女の子は女の子同士、男の子は男の子同士のグループを作り、仲間同士でしかわからない合言葉や暗号を使ったり、秘密基地を作ったりすることは、この時期の子どもたちの特徴です。場合によってはまったくほかの人は知らずにいることもあります。今回は、リーダー格のH君は、慣れていない実習生の直子さんに対してはまったく拒否する、ということはなくちょっと秘密を教えてくれましたが、普通それすらしてくれないことはこの時期には当たり前なのです。

　このように、同性の友達との強い結束力をもち、排他的におとなから逃れて活発に集団で遊ぶ時期を**ギャングエイジ**といいます。それまでのおとなに依存する関係から、メンバーがそれぞれリーダーや〇〇係などといった役割を分担するなど、幼いながらも社会の縮図のような関係を作り上げ、自発的で対等な自分たちだけの集団を形成するのです。

　「自分たちだけで遊ぶ」となると、保育者はどうやって「援助」したらよいのでしょうか。大切なのは、この仲間関係の形成を、温かく見守ることです。この時期に気をつけたいのは、閉鎖的になること、役割が決まることなどによって、ともすればいじめに発展してしまう恐れがあること、あるいはおとなが知らないあいだに反社会的な活動を促進してしまうことなどです。それらに注意して、見て見ぬふりをしながらも仲間関係の変化などに気づけるような感度のよいアンテナをもつことが、おとなの役割として大切なことです。

(エピソード・解説：茂井万里絵)

4-7 第二次性徴：性的成熟と異性への関心（施設実習）

彼氏いるの？

　今日は、中学2年生のSちゃんが試験勉強でわからないところがあるからというので、夕食後に少し一緒に勉強しようということになりました。
　国語と社会はどちらかというと得意教科ですが、勉強にはあまり自信はないので、中学2年生の内容を教えられるかがない不安でした。なんとか無事に終わってホッとしていたらSちゃんが「違う質問していい？」と聞いてきました。「いいよ」と何気なく答えると、「お姉さん、彼氏いるの？」といきなり聞かれ、急だったので慌ててしまいました。「まあ、いるかな」といい加減に答えたのですが、それ以上聞かれても困ると思いとっさに「Sちゃんは？」と聞きかえすと「いるよ」ととても嬉しそうに答えてくれました。きっと、聞いてほしかったのかなと思ったくらいです。しかし、そのあとに、「お姉さんはどこまでしたことあるの？　チューは？」と言われ、とても困りました。
　私は中学生相手になんて答えたらいいんだろう、嘘をついてばれたら信頼関係が崩れるかな、など頭のなかでいろいろなことを考えてしまい、ちょっと挙動不審になってしまいました。結局、「一緒にデートはしたよ。それ以上は秘密」と答え、なんとかその場はやり過ごせた、と胸をなでおろしました。Sちゃんはそれを聞くか聞かないうちに「お姉さん、内緒だよ、誰にも言わないでね。私ね、この間彼にチューしようよ、って言われたの。どうしたらいいかなあ」「彼と一緒にいるととっても気持ちが落ち着くんだよ。だからしてあげてもいいかなって」「彼、背が高くてかっこいいんだよ」などと、誰にも聞かれないはずの居室のなかでこそこそと小声で話してくれました。「まだそういうことは早いんじゃないかと思うよ」「私の中学生の時はそんなこと考えていなかったよ」などと答えるのが精一杯でした。
　Sちゃんはすっかり体つきも大人になっているし、少し気をつけてあげなければ、勉強より恋愛に夢中になるなど心配な面もあるのかなと思いました。

解説

　保育士は乳幼児だけでなく、中学生や高校生への支援も求められることがあります。直子さんも、中学生への対応に苦労しているようですね。
　小学校高学年から中学校くらいの時期を**思春期**といいますが、この時期には、

Sちゃんのように、異性や性的なことへの関心が高まります。その背景には、**第二次性徴**と呼ばれる身体の急速な発達、とくに性的成熟、生殖能力の発達が関係しています。体内で性ホルモンが分泌されることにより、女子では、初潮、胸のふくらみ、体毛の発生がおこり、女性的な丸みをおびた体型になっていきます。Sちゃんもすっかり大人の体つきになっているようですね。男子では、声変わり、陰茎や精巣の発育、射精、体毛の発生がおこり、男性的な体型になっていきます。また、この時期には、急速に身長が伸びて、身長や体重もおとなと変わらなくなっていきます。そして、性ホルモンの影響により、Sちゃんのように異性や性への関心が高まるようになります。ちなみに、**第一次性徴**というのは、胎児の段階で、性別が男女に分かれていくことを指します。

　ところで、第二次性徴などの身体の発達は、時代や環境によって始まる年齢や発達程度が違っています。たとえば、女子の初潮年齢は、現在では平均12歳くらいですが、明治時代や昭和初期には14歳くらいでした。また、平均身長は、昔よりずっと高くなっています。このように身体の発達が、前の世代よりも早く生じて、より高い水準まで発達することを**発達加速現象**といいます。

　Sちゃんは「どこまでしたことあるの？」と性的なことへの関心が高まっているようですが、思春期以降の子どもたちには、性的なことがらへの指導も重要になってきます。最近は若者の性行動が早期化、活発化しており、中学生でセックスを経験する人は数％ですが、高校3年生では50％近くになります。性感染症や望まない妊娠なども問題になっており、性教育が重視されています。

　異性関係や性的な問題はどう扱ったらよいかとまどってしまうこともありますが、思春期以降の子どもたちに対しては、ごまかしたり、逃げたりしないで、異性関係や性の大切さをきちんと伝えていくことも大切です。

（エピソード：茂井万里絵、解説：若尾良徳）

48 反抗期と心理的離乳：親からの自立の過程（施設実習）

別に……

　施設実習も2週目に入り、ようやく慣れてきました。施設の1日の流れも大体わかるようになり、一人ひとりの顔と名前も一致することができるようになりました。子どもたちから「おねえさん、来て」と呼ばれても、個々に対する援助方法を職員の方から教えていただいたので、とまどうことも減ってきました。

　今日は、中・高生の女の子たちと関わる日でした。高校生のCちゃんは初日の挨拶の時に返事をしてくれなかったので、今日こそは、と少し気持ちを引き締めてゆっくり話してみようと思いました。年も近いし、きっとわかりあえると思ったからです。さっそく学校から帰ってきたCちゃんに「お帰り」と声をかけると、ちらっと見てそのまま部屋に行ってしまいました。少しがっかりしながらも、食事の時間には、ちょうど隣に座ったので話しかけてみました。すると、それまでの印象とは違い、すなおに応じてくれました。意外にも同じアイドルグループが好きだということがわかり、話が盛り上がり、少し距離は縮んだ気がしました。でも楽しくなってしまい、少ししゃべりすぎたと反省しています。

　食後に、Cちゃんがハンカチを忘れて行ったのに気づき、部屋をノックしドアを開けて渡そうとしました。すると先ほどまでの笑顔とは違い、ハンカチだけをさっと奪い取るようにして、すぐにドアを閉めようとするのです。びっくりして、「どうしたの？　Cちゃん」と聞くと、「別に」と一言だけ。先ほどの笑顔までこぼれていたのが嘘のように、初対面の時と同じような表情と態度でした。ドアを持ったまま「何で閉めちゃうの」と聞くと今度は「うるせえよっ」と強い口調で返答しドアを思い切り閉めてしまい、それ以上は反応なしでした。担当職員の方に報告すると、「あなたが実習生だからドアを開けても怒らなかっただけ。職員ならはそれだけで感情的にない、ものすごい状態になりますよ」と言われました。これでCちゃんとの関係が崩れてしまったのではないか、明日からちゃんと関われるのかと、とても不安になりました。

● ● ● ● ● ● ●

解　説

　直子さん、高校生のCちゃんとの関係をうまく作っていくのに苦労していますね。Cちゃんは、いったいどうしたというのでしょうか？

　皆さんは、中高生くらいの時に、親に対して反抗的になったことがあるので

はないでしょうか。何を聞かれても「別に」と言ったり、「うるせえ」と言ったり。このように、思春期の頃に親などに対して反発することを、**第二次反抗期**といいます。Cちゃんも、ちょうどその時期にあたり、親にあたる施設の職員に対して、反抗的になっているのです。

　2、3歳頃の第一次反抗期は、子どもが"自分が独立した存在"と考えるようになり、親の物理的な保護からの自立をしていく時期です。(「反抗期」p62参照)。一方、第二次反抗期は、親とは違う自分を確立し、物理的にも心理的にも親の保護から独立、自立していく時期です。この時期には、身体の急激な成長変化により、不安を感じたり、自分がわからなくなり、混乱しています(「第二次性徴」p110参照)。また、**形式的操作**の思考の発達により(「アイデンティティ」p116参照)、抽象的な思考が可能になり、自分について深く考えたり、理想やあるべきこと、なすべきことなどについて考えることができるようになります。このようなことから、大人や社会などの権威に対して、反抗やいらだちを感じたり、攻撃的、批判的になったりもします。そして、反抗や批判をしたり、同じ悩みを共有する友人と交流したりすることを通して、親とは違う自分というものを確立していくのです。

　また、この時期に親から独立、自立していくことは、**心理的離乳**と呼ばれることがあります。離乳とは、乳幼児が母乳やミルクから、それ以外の食物に移ることを指しますが、この時期には親への心理的依存から離れていくため、このように呼ばれるのです。

　反抗期は、子どもがひとりの人間として自分を確立しようともがき苦しんでいる時期といえます。うまく関係を作れないと感じてしまうこともあるかもしれませんが、あたたかく見守るという姿勢も大切です。

（エピソード：茂井万里絵、解説：若尾良徳）

* (48) 反抗期と心理的離乳：親からの自立の過程 *　*113*

49 幼児期健忘：3歳までの記憶がない！？（5歳）

忘れちゃったの？

先日、無事に就職も決まり、卒業後は希望通り家から通うことのできる保育園で保育士として働くことになりました。そのお祝いをしてくれるというので、お姉ちゃんの家に行きました。

夕食のあと、けいちゃんとリビングで遊んでいました。けいちゃんも5歳近くになり、いろいろな遊びも楽しめるようになりました。遊んでいる時、テレビで動物が出てくる番組が流れました。けいちゃんは、動物のことが大好きなようで、テレビに動物が出てくるたびに、得意げに一つひとつ私に名前を教えてくれます。ライオンが出てきた時、「なおちゃん、ライオンだよ。ライオンは百獣の王で、一番強いよ」と話してくれたので、私は2年くらい前に一緒に動物園に行った時のことを思い出して、「ライオン、動物園に行った時、たくさんいたね」と話しました。それでも、けいちゃんはすぐに思い出せないようだったので、そのときゾウの赤ちゃんが生まれたので見に行ったこと、サルに檻から大きな声を出されてびっくりしてけいちゃんが泣いてしまったことなどを、話しました。でも、やっぱり思い出してもらえず、私は一緒に行った時の写真を見せたりしました。その写真を見ても、けいちゃんは思い出せないようで少し困惑顔でした。

以前は、一緒に動物園に行ったことを覚えていてくれて、楽しそうに話をしたこともあったのに、けいちゃんが忘れてしまっているのは、なんだかさみしい気がしました。

解説

　人と思い出を共有できないことは、さみしいことですね。ただ、けいちゃんが一緒に動物園に行ったことを忘れてしまったのは、3歳以前の出来事の記憶を思い出せない**幼児期健忘**という現象で、子どもの記憶の発達と関連したことなのです。

　もちろん、けいちゃんもこれまでに、ことばや、人の顔や声（「妊娠・胎児期」p18参照）、遊び方を覚えたりしてきているように物事を記憶できないわけではありません。ただ、何かを覚えるという意味で一口に記憶といっても、心理学的にはさまざまな記憶の種類があり、それによって発達が異なることもわかっ

ています。
　記憶は、大きく分けると２つの種類に分けられます。１つは、**手続き記憶**といいます。たとえば、自転車に乗れるのは、当然、練習したこと（過去の経験）が記憶されているからです。しかし、実際に、自転車に乗ることはできても、乗り方（どうやってバランスをとっているのか）を言葉で説明することは難しいですね。このように手続き記憶とは、自分で思い出しているということを意識したり、記憶をことばで表現することができない記憶です。自分で思い出している自覚がないというと記憶ではない感じがするかもしれませんが、ちゃんと過去の経験（練習）が記憶されそれを利用しているからこそ自転車に乗れるわけですから、立派に記憶の１つなのです。もう１つは、**宣言的記憶**といわれ、過去をこころのなかに呼び起こし、それについて考えたりことばで伝えることができる記憶です。宣言的記憶には、ことばの意味を理解すること（意味記憶）や思い出のように過去の出来事の記憶（エピソード記憶）といったものが含まれます。手続き記憶は発達初期から機能していますが、宣言的記憶の発達は、抽象的な思考の発達（「象徴機能」p66参照）と関連しているため、かなり遅いことがわかっています。そのため、成長するにつれて、３歳以前の出来事の記憶を忘れてしまいます。けいちゃんも、２歳頃に行った動物園のことを忘れてしまうのは、仕方がないのです。
　また、けいちゃんに動物園に行った時の写真を見せたように、昔の写真やビデオ映像を見て、昔の自分と現在の自分とが一貫した存在として意識できる年齢は、だいたい４歳くらいからだと考えられています（「自己意識の発達②」p60参照）。けいちゃんは、写真に自分が写っていることは理解できているかもしれませんが、実際にその記憶が自分にないことに困惑しているのかもしれません。このように、象徴機能や記憶、そして自己意識といったさまざまな心理的機能は、相互に密接に関連して発達していくものなのです。

（エピソード・解説：岡部康成）

50 アイデンティティ：青年期の自分探し（卒業）

卒業祝い

　先日、短大を無事に卒業し、今日、お姉ちゃんとけいちゃんも来て、うちで卒業のお祝いをしてくれました。
　そのなかで、「直子はなんで保育士になったの？」とお姉ちゃんから質問されました。私は、自分の進路に悩みながらも、けいちゃんが生まれ、けいちゃんと接するなかで、子どもの成長をサポートすることの楽しさや大切さを感じるようになり、保育士を目指そうと考えるようになったことを話しました。お姉ちゃんは自分やけいちゃんが、私の人生の選択に大きな影響を与えたことに対して、嬉しいやらなんやら、なんともいえないといった様子でした。結局は、私自身が自分で決めたこと、学校でいろいろ勉強していくなかでもどんどん興味もわいてきたこと、来年からの不安もありながらも非常に楽しみで一生懸命がんばりたいことなどを話しました。それを聞いて、お姉ちゃんも安心したのか「そういってくれるとなんだかうれしいわ。がんばって、いい先生になってね」と笑顔で私に言ってくれました。
　その後、お母さんとテレビを見ているけいちゃんの方を見て、「この子は、いったい何をするようになるのかしら」と心配そうにしていました。私も、けいちゃんの方を見ながら、自分が保育の道を見つけるきっかけになったお姉ちゃんとけいちゃんに感謝しながら、これからも勉強を続けて良い保育者となり、いつかけいちゃんが進路に悩んだ時、相談に乗ってあげられるような叔母になっていたいと思いました。

解説

　直子さんは、高校3年生になった時に進路に悩みましたが、保育者の道を選び、無事に保育園に就職することができましたね。中学生から大学生くらいまでを**青年期**といいますが、青年期は、"自分はどんな人なのか？"とか、"自分は何に向いているのか？"、"将来どんな職業に進むのか？"といったような問題に悩む時期です。このような悩みに対する答、つまり、「自分はこういう人間だ」とか、「自分はこのように生きていく」といったような、「自分」についての意識内容のことを**アイデンティティ**（自我同一性）といいます。

エリクソンによると、青年期には、アイデンティティを達成することが課題となります。青年期は、子どもからおとなになる過渡期であり、職業や生き方を決めることが社会から求められるからです。また、第二次性徴（「第二次性徴」p110参照）など、自分の身体が変化していくなかで、自分自身に注目するためでもあります。その前提として、自分とは何かといった抽象的な問題について考えることができるための、思考の発達があります。ピアジェは、抽象的な思考ができる青年期を**形式的操作期**と呼んでいます（p132）。

　エリクソンは、アイデンティティを達成するという課題を心理社会的危機と呼んでいます。自分の将来、つまり何になるかを決めるというのは、悩み苦しんだ末の決断が必要となるからです。人生の各時期に心理社会的危機があり、課題を解決していかなければならないとされています（p139「エリクソンの発達理論」）。

　アイデンティティの達成のあり方には、いくつかのパターンがあります。なかには小さい頃からなりたい職業を決めていて、悩んだことがないという人もいます。保育学科などでは、自分が幼稚園や保育園に通っていた時の先生にあこがれて、その時から保育者になることを決めていたという学生もいますよね。これは、アイデンティティの**早期達成**と呼ばれます。また、高校生の時の直子さんのように、進路に悩んで、あれこれ考えたり、試したりしている状態のことを、**モラトリアム**といいます。

　アイデンティティは、一度達成してしまえばそれで終わりではありません。皆さんも、保育者になることを決めて、保育系学科に入ったものの、「私は保育者に向いているのか？」「本当に私がやりたいのはこの職業なのか？」と悩んだこともあると思います。青年期は、このような問題に大いに悩む時期です。少し立ち止まって考えてみることも決して無駄ではないですよ。

（エピソード・解説：齋藤雅英）

＊（50）アイデンティティ：青年期の自分探し＊

総合解説

1 発達の規定因

● ● **1．遺伝と環境** ● ●

　これまでにさまざまなエピソードからみてきたように、子どもたちの能力や性格、またその発達の速度や道筋は、一人ひとり違っています（たとえば、「歩行の発達」p42、「気質」p76など）。それでは、このような能力や性格の発達や成長を決めるものは何なのでしょうか？　そもそも子どもたちは生まれながらにして決まった能力や性格をもっているのでしょうか、それとも生まれた後の環境や経験が重要なのでしょうか？

　この疑問について、心理学という学問がスタートする以前から、哲学などを通じてさまざまに議論されてきました。たとえば、イギリスの哲学者**ロック**は、子どもの頭のなかは生まれた時は何も書かれていない白紙（**タブラ・ラサ**）のようなもので、生まれた後の環境のなかで経験を通じてそこにさまざまなことがらが書き込まれていくと考えました。つまり、生後の環境や経験を重視した考え方といえます。その一方で、フランスの思想家である**ルソー**は、子どもの発達をもっとも決定づけるものは受けつがれた天性であると考えました。つまり、生まれながらに決まった特徴を重視した考え方であり、彼は、子どもが本来もつ自然の成長力を信じることを大切にし、積極的に介入する教育に否定的な教育論を展開しました。

　子どもの能力や性格の発達や成長を決めるものは何なのかという疑問について、皆さんは自分には関係のないどうでもよいことと感じるかもしれません。しかし、この疑問は、人間が発達し成長するとはどういうことなのか、さまざまな人々の個性をどう考えるのかという前提として非常に大切なことです。とくに、保育者を目指す皆さんにとって、具体的に目の前にいる子どもたちをど

う理解し、どう関わっていくのかを考える上でとても重要です。また、近年、統合保育が進むなかで、障がいをもった子どもと関わった時、その障がいが生まれながらに決まったものであるのか、それとも生まれた後の環境や経験によって形成されたものなのかでは、子どもの理解や関わり方は大きく異なります。さらには、教育や保育の制度がどういう意味をもっているのか、広い意味での子どもの環境を理解する上でも大変重要だといえます。

では、心理学のなかで、子どもの能力や性格の発達や成長をどのように考える立場があるのかみていきましょう。

2. 遺 伝 説

遺伝説（成熟優位説）とは、人間の発達には遺伝的にあらかじめ決められているプログラムがあり、成熟とともに一定の順序で行動特徴として現れてくるという考え方です。ここでいう**成熟**とは、訓練や学習などの経験に基づかない発達的変化を意味しています。たとえば、「歩行の発達」(p42)でもみたように、多少の個人差はあっても、歩けるようになるまでに順序が決まっているのと同じで、さまざまな心理的な能力もあらかじめ順序や時期が決められていると考えるわけです。もちろん、遺伝説の立場であっても、経験をすべて否定しているわけではありません。この立場の代表的な心理学者である**ゲゼル**も、環境が発達を促進させるものであることは認めています。しかし、発達の基本的な変化や順序は環境によって変わることなく、成熟によって決まると主張しています。彼は、訓練や教育を含め経験から何かを学ぶためには、学習者が心身ともにその学習が可能となる状態（この準備状態のことを**レディネス**といいます）であることが重要であると述べています。近年、子どもに対する早期教育が話題となることがあります。ゲゼルの主張に基づけば、早期教育の内容や時期にもよりますが、レディネスができていない早い時期に訓練や教育を実施しても、それは必ずしも有効ではないということになります。

● 3. 環　境　説 ●

　環境説（学習優位説）とは、発達・発育における社会的・環境的要因を重視する立場です。環境説の考え方は、**行動主義**を提唱した**ワトソン**のことばに非常に端的に表現されています。彼は、「私に何人かの健康で発育の良い乳児と、私の指定する養育の場を与えてくれれば、その子の才能や好み、傾向、能力、適正、人種に関わりなく、どの子も、医者でも弁護士でも、芸術家でも商人でも、それどころかこじきや泥棒にでも、どんな種類の専門家にでも育ててみせよう」と述べました。ただし環境説では、新生児がなんの心理的な機能ももたない完全な白紙状態であるといっているわけではありません。生まれた後に環境からさまざまなことを学んでいくためには、当然、なんらかの心理的装置が必要です。原始反射（p20参照）や基本的感情（p26参照）など、生まれながらもっている心理的装置の存在は認めています。ただ、環境説では、子どもたちが生まれながらもっている心理的装置を利用し、実際の経験を通じて、何を受け取ることができ、何を理解できるのかということが大切であり、どのような経験ができる環境であるかが発達を考える上で重要だと主張しているのです。

● 4. 輻　輳　説 ●

　遺伝説と環境説は、お互いに一部を認め合いながらも、基本的にはどちらが優先であるかということについて対立するものでした。しかし、遺伝か環境かという二者択一的な考え方で、発達を理解しようとすることに無理があります。そこで、**シュテルン**は、遺伝か環境かではなく、環境も遺伝もどちらも発達を考える上で重要であるとする**輻輳説**という立場を提唱しました。輻輳とは、バスや地下鉄などの路線が大きな都市の中心に集まっているように、何かがさまざまな方向から1ヵ所に集まっていくことを意味することばです。図1－1は、輻輳説を**ルクセンブルガー**が図式化したものです。すべての心理的能力は、遺伝と環境との相対的な関係を示す対角線上の点×に位置づけられるというこ

とを示しています。たとえば、遺伝病のように遺伝によって強く影響される特徴であれば左側のEに近いところとなり、どのような環境で勉強をしたのか（とても教え上手で丁寧な先生との出会いや教育熱心な学校など）が重要である学業成績のように環境に依存する部分が多い特徴の場合は右側Uの側に位置づけられると考えます。

　輻輳説の考えは、遺伝か環境かと対立的に考えるのでははく、遺伝も環境もともに発達に関係するものとして両者の立場をまとめて考えるという点で、とても重要です。ただし、この考え方では、発達における遺伝的な影響と環境的な影響を、お互いに影響しない別のものとして考えています（これを加算的影響といいます）。しかし、実際の生活のなかで、遺伝と環境は互いに影響しあい、なかなか明確に区別することができないこともあります。

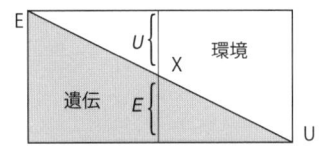

E点寄りの形質ほど遺伝の規定を強く受け、U点寄りの形質ほど環境の規定を強く受ける。E点、U点は極限点であって、遺伝または環境の規定だけを受ける形質は存在しない。

図1－1　輻輳説の図式
（出典：新井邦二郎『図でわかる学習と発達の心理学』福村出版、2000年、p113より作成）

5．相互作用説

　遺伝と環境の影響は、お互いに関連しあうことがあります（乗算的影響）。たとえば、どんなに遺伝的な素質（たとえば、カーリングの天才的才能）に恵まれていたとしても、その素質を伸ばす環境（少なくともカーリングをやれる場所や機会）がなければ、実際的には、素質が発揮されることはありません。このように遺伝と環境を相互に関連するものとする考え方を、**相互作用説**といいます。ジェンセンは、心や体のさまざまな特性の遺伝的な可能性が実際に現れるために必要な環境の質や量は、その特性ごとに異なっている一定の水準（閾値）があるという**環境閾値説**を提唱しています。図1－2は、ジェンセンの環境閾値説を図式化したものです。このなかの特性Aは、極度に不適切な環境でないかぎり、ほぼ完全に遺伝的な発達の可能性が現れるというものです（たとえば、身長や顔

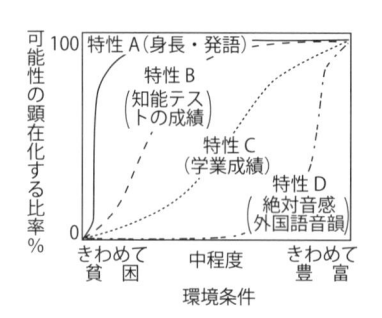

図1-2 遺伝的可能性が顕在化する程度と環境の質との関係 (Jensen, 1969)
(出典：新井邦二郎『図でわかる学習と発達の心理学』福村出版, 2000年, p113より作成)

立ちなどの身体的特徴や発語など)。特性Bは、中程度の環境条件が必要となるもの（たとえば、知能)、特性Cは環境条件にほぼ比例して、発達の違いが現れてくるもの（学業成績など)、特性Dは、きわめて適切な環境条件や特殊な教育や訓練によってはじめてその素質が現れてくるというもの（たとえば、絶対音感など）と考えます。このように、相互作用説の立場では、遺伝と環境が相互に関連しながら、発達が進んでいくと考えています。

この考え方から実証的な研究も行われています。たとえば、小さい頃に「育てにくい子」（「気質」p76参照）と判断された子どもを何年にもわたって継続的に調査し、どのように発達するかを調べた研究（このような研究を**縦断的研究**といいます）では、小さい頃に育てにくい難しい子であっても、親がそのことに過敏に反応せずにのんびりと構え接している場合、子どもの問題行動が見られなくなっていくことが示されています。その一方、同じように育てにくい難しい子であることを、親が重く受け止めすぎ神経質になっていると、子どもの問題行動が継続し、将来、社会にうまく適応できないことが示されています。これは気質（遺伝）として同じ育てにくい難しい子であっても、それに対する親の反応（環境）がその後の子どもの発達に大きく影響しているためといえるのです。

6. 行動遺伝学

遺伝か環境かという問題についてさまざまな考え方がなされ、現在では遺伝と環境が相互作用的に影響しているというのが定説となっています。しかしながら、遺伝と環境の影響は簡単に区別することができません。たとえば、知的に優れた子どもがいたとして、それが親からその素質を遺伝的に受け継いだ結

果だと考えてよいでしょうか。遺伝的に引き継いだということは親も知的に優れた遺伝子をもっていて、その結果として社会で成功し、自分の子どもにすぐれた教育の機会を与えることができたと考えることもできます。つまり、環境の影響であると考えることもできるのです。

　近年の科学の進歩によって、われわれのさまざまな心理や行動がどれくらい遺伝的な影響を受け、どれくらいが環境的な影響であるかを詳細に検討することができるようになってきています。その1つは、双子を対象とした研究（双生児研究）です。遺伝的に同一であり育った環境も共通している一卵性双生児と、遺伝的に同一でないが育った環境も共通している二卵性双生児を比較することで、遺伝の影響の強い性質と、環境の影響が強い性質が明らかになってきました（このような研究分野を**行動遺伝学**といいます）。また、DNA解析が進み、遺伝子のレベルでの違いを調べることができるようになり、遺伝について詳細に検討することができるようになってきています。このような研究が進んでいくなかで、今後はさらにさまざまなことがわかってくることも期待されています。

〔岡部　康成〕

② 愛着と初期経験

● 1．人の乳児の特徴 ●

「赤ちゃんの能力」（p24参照）のエピソードで紹介したように、人の赤ちゃんは、一見弱々しく、何もできないように思えますが、実は多くの能力をもって生まれてきます。それには、人の赤ちゃんが、ほかの動物に比べて非常に未熟な状態で生まれてくること、つまり**生理的早産**が関係しています。身体的に未熟である人間の赤ちゃんは、まわりのおとなから世話をしてもらわなければ生きていけません。そこで、他者とかかわり、世話を引き出すような能力を数多く備えて生まれてくるのです。たとえば、世話をしたくなるような体つき（ベビーシェマ）、生理的微笑（「赤ちゃんの能力」p25）、人の顔への注目（「視覚の発達」「顔の知覚」p22・28）、人の声への注目（「妊娠・胎児期」p18）、感情の表出（「感情の発達」p26）、新生児模倣（「模倣」p30）、原始反射（「原始反射」p20）など、さまざまな能力、特徴があります。

● 2．愛着という絆 ●

人の赤ちゃんは、他者と関わる能力を発揮して、養育者やまわりの人々と相互交渉をすることで発達していきます。そして、生後半年くらい経つと、母親などの特定のおとなに対して、情緒的な絆を形成し、ほかの人に向けるのとは違う特別な反応をするようになります。このような絆を、**ボウルビィ**（J.Bowlby）は、**愛着**と名づけました（「愛着という絆」p52）。愛着が形成されると、養育者の近くにいようとしたり（**近接維持**）、養育者から離れることに不安や苦痛を感じるようになります（**分離不安**）。さらには、養育者が近くにいることを確認

することで安心して環境の探索ができ、不安や苦痛を感じた時には養育者に接触をして不安を解消してもらおうとするようになります。このような行動を、養育者を**安全基地**にするといいます。また、この時期には、多くの子どもが**人見知り**をするようになります（「人見知り」p48）。愛着も身体的に未熟な人の赤ちゃんが、生き残っていくために備わっている特徴です。生後半年を過ぎると、子どもは、ハイハイをしたり、歩けるようになったり、自分で移動できるようになります。人がまだ原始的な生活をしていたころ、乳幼児が養育者のもとを離れてしまうことは、生命の危険にさらされる可能性が高かったと考えられます。そこで、養育者のもとを離れてしまわないように、養育者と愛着という絆を形成し、養育者の近くで、環境の探索をするようになったのです。

　もし愛着がうまくできなかったら、子どもは健全に発達しないことがわかっています。20世紀前半のヨーロッパの施設において、**ホスピタリズム**（施設病）と呼ばれる子どもの発達の問題が生じました。これは、当時の施設では、同じ養育者が毎日抱いたり、話しかけたりといったような個別的で母性的な養育が欠けていたことが原因だと考えられています。もちろん現代の施設では、ホスピタリズムのようなことはありませんが、家庭における虐待のケースなどで、愛着が形成できず健全な発達が阻害されることがあります。

● 3．生まれつきの人と関わりたい欲求 ●

　人は、生まれてすぐに他者と関わったり、愛着を形成したりと、他者と関わりたいという欲求をもって生まれてきます。しかし、以前は、他者の近くにいたいとか、接触したいという欲求は生まれつきのものではなく、食事を与えられたり、世話をされたりするうちに、つまり、生理的欲求を満たしてくれるために、養育者に特別な結びつきをもつようになるのだと考えられていました。つまり、養育者との結びつきは、本来もっている欲求でなく、食べ物を得るとかほかの欲求を満たすために養育者の近くにいたいという二次的な欲求だと考えられていました。これを**二次性動因説**といいます。しかし、生まれつき他人（他

の個体）と結びつきをもとうとか、接触しようとする傾向は、人以外の動物でも広くみられており、生まれつきのものだとわかってきました。

　ローレンツは、カモやアヒルといった離巣性の鳥類（ヒナが孵化してすぐに巣を離れる鳥の種類）が、生まれて一定期間に見た動く対象の後を追いかけるようになることを発見しました。親鳥の後を必死な様子で追いかけるカルガモの親子を、ニュースなどで見ることがありますよね。このような現象は、**インプリンティング（刷り込み現象）** と呼ばれています。また、**ハーロー**は、二次性動因説を確かめるために、アカゲザルを使って実験を行いました。アカゲザルの乳児を母親から引き離して、2種類の母ザルの模型のある飼育室で育てました。母ザルの模型は、布で覆われたものと、針金がむきだしのもので、どちらか一方にほ乳瓶がつけられミルクを飲めるようになっていました。その結果、子ザルはほ乳瓶がどちらの模型にある場合でも、ほとんどの時間を布製の模型に抱きついて過ごしていました。この実験から、ミルクが与えられることではなく、接触による快感が、母親への接触や結びつきに重要であることが示されました。これらの研究から、いくつかの動物は生まれつき他者（他個体）との結びつき、つながりをもとうとする傾向をもっていることが示されたのです。

● ● 4．初期経験の重要性 ● ●

　ローレンツとハーローの研究は、誕生して間もない頃の経験、つまり初期経験の重要性を示した点でも重要です。ローレンツの研究では、生まれた直後に人間を見て、後追いをするようになったカモは、その後もずっと人間の後を追うようになり、親ガモの後を追うことはありませんでした。また、成長したのちに、カモに対してではなく、人間に対して生殖行動をしようとしました。ハーローの研究では、母ザルから一定期間以上分離されて育ったアカゲザルは、群れに戻っても他のサルとのかかわりに問題が生じ、その後も回復することはありませんでした。これらの研究は、生まれてから一定の期間に経験したことが、生涯影響し続けることがあることを示しています。このように、ある特性

を身につけるためには、この時期でないといけないという期間を**臨界期**といいます。人の場合、臨界期はありませんが、この時期に経験すると学習しやすいという時期はあります。そのような時期は、**敏感期**と呼ばれます。

● 5．愛着の発達段階 ●

　人は、他者と関わる能力や欲求を発揮して、養育者と相互交渉をして、生後半年を過ぎたくらいから養育者に愛着を向けるようになります。愛着の発達について、ボウルビィは、4つの段階を提唱しています。生後2、3ヵ月までの第1段階は、「人物弁別をともなわない定位と発信」と呼ばれる段階です。子どもは、生まれつきもっている人と関わる能力、欲求をもとに、誰に対しても働きかけるし、誰からの働きかけにも応じます。第2段階は、生後6、7ヵ月までの時期で、「1人（または数人）の弁別された人物にする定位と発信」と呼ばれる段階です。人とのかかわりが多くなり、だんだんといつも関わっている養育者が特別な人になってきます。たとえば、ほかの人があやすより、養育者があやした場合に、微笑んだりといったように養育者を区別していきます。第3段階は、2、3歳までの時期で、「発信ならびに移動による弁別された人物への接近の維持」と呼ばれる段階です。この時期には、愛着が完成し、養育者とそれ以外の人を完全に区別し、安全基地行動がみられるようになります。養育者が部屋を出ていった時だけ泣いたり、後追いをする、養育者にしか慰められない、といった特徴があります。2、3歳以降の第4段階は、「目標修正的パートナーシップ」と呼ばれる段階です。この時期になると、養育者が見える範囲にいなくてもいなくなってしまうわけではないことを理解し、養育者がいつも近くにいなくても大丈夫になります。また、養育者の都合に合わせて、自分の欲求を抑えたりできるようになります。この時期には、心のなかに養育者のイメージ（**表象**）ができあがるためです。

6. 愛着の個人差

　以上のように、通常の環境で育った子どもは、1歳くらいになれば、養育者に対して愛着を向けています。しかし、どのような愛着を形成しているかについては、個人差（パターン）があることがわかっています。**エインズワース**は、1歳児と母親を実験室で分離・再会させて、そのあいだの子どもの行動を観察するという方法（**ストレンジ・シチュエーション法**）で、愛着を3つのパターン（**愛着パターン**）に分類しました。この方法は、はじめての実験室、母親との分離、見知らぬ人の登場という、1歳児にとっては不安やストレスを感じる場面で、子どもが母親をどのように安全基地にしているかを基準に愛着パターンを分類しています。**安定型**（Bタイプ）の子どもは、もっともうまく母親を安全基地にすることができており、母親が同じ部屋にいる時には、活発に探索を行い、母親が部屋を出て行くと不安を感じるが、戻ってくれば笑顔で出迎え、すぐに安心して探索を再会できます。**不安・抵抗型**（Cタイプ）の子どもは、実験室で常に不安が高く、探索をあまりしません。そして、母親との分離時には、激しく泣いたり、強い混乱を示します。また、再会時には、母親を強く求めますが、その一方で母親に抱かれると母親を叩いたり、むずかるといったような抵抗行動を示します。このパターンの子どもは、母親をうまく安全基地にすることができず不安が解消されないため、探索がうまくできないのです。**回避型**（Aタイプ）の子どもは、表面的には不安がなく、探索を行っており、母親との分離にも不安や混乱があまりありません。しかし、探索の質が乏しく、心拍数などの指標で測定すると潜在的には高い不安を抱えています。また、再会時には母親を歓迎しません。このパターンの子どもも、母親をうまく安全基地にすることができず不安が解消されていないということになります。

　このような愛着のタイプは、それまでに受けた養育の違いを反映しており、子どもの養育者への信頼の程度、つまり、不安や苦痛を感じた時に養育者が不安を解消してくれたり、慰めてくれたりするかどうかについての養育者への信頼（**愛着表象**）の違いを反映しています。子どもが不安や苦痛を訴えた時に、い

つも適切に応じてくれる養育者であれば、子どもはその養育者に対して十分に信頼をすることができ、安心して環境の探索ができるし、短い時間であれば離れてもそれほど不安を感じません（安定型）。一方で、不安や苦痛に対して養育者がなかなか応じてくれないと思っている場合、子どもは、泣いたり怒ったりと不安や苦痛を過剰に訴えるようになったり（不安・抵抗型）、あるいは養育者に頼ることをあきらめて不安や苦痛をあまり訴えないようになります（回避型）。このような乳幼児期の愛着の個人差は、その後の発達、とくに人間関係の発達に影響することがわかっており、安定型の子どもほど、良好な人間関係を築く傾向にあります。

さらに、愛着パターンは、環境に大きな変化がなければ、おとなになっても継続しており、親になった時の養育行動に違いをもたらします。そして、養育を通して子どもに愛着が伝わっていきます。これを**愛着の世代間伝達**といいます。つまり、愛着は、人の生涯を通じて影響をもつだけでなく、その次の世代にまで影響を及ぼすことがあるのです。

（若尾　良徳）

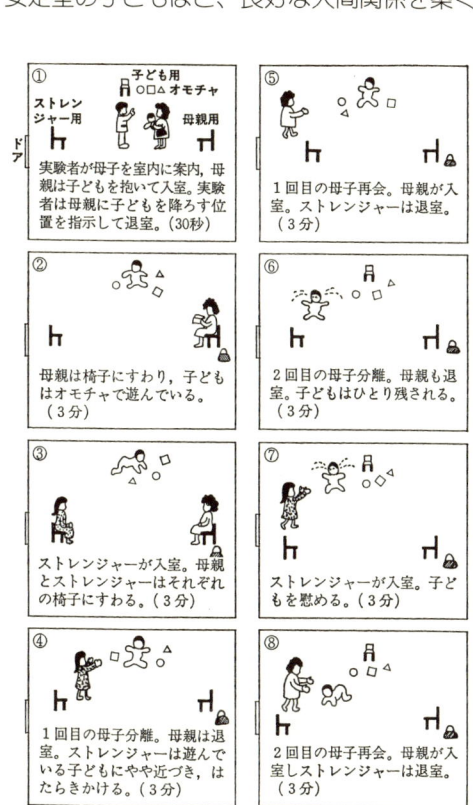

① 実験者が母子を室内に案内、母親は子どもを抱いて入室。実験者は母親に子どもを降ろす位置を指示して退室。(30秒)

② 母親は椅子にすわり、子どもはオモチャで遊んでいる。(3分)

③ ストレンジャーが入室。母親とストレンジャーはそれぞれの椅子にすわる。(3分)

④ 1回目の母子分離。母親は退室。ストレンジャーは遊んでいる子どもにやや近づき、はたらきかける。(3分)

⑤ 1回目の母子再会。母親が入室。ストレンジャーは退室。(3分)

⑥ 2回目の母子分離。母親も退室。子どもはひとり残される。(3分)

⑦ ストレンジャーが入室。子どもを慰める。(3分)

⑧ 2回目の母子再会。母親が入室しストレンジャーは退室。(3分)

図2－1　ストレンジシチュエーションの8場面
（繁多進『愛着の発達』大日本図書，1987年，p79）

3　発達の理論

　人間の心理的な発達には、多くの側面があり、とても複雑であるため、すべてを完全に説明するということはできません。これまで、人間の発達について説明しようと、さまざまな理論が提唱されてきました。ここでは、代表的な発達理論のうち、とくに教育・保育領域でよく取り上げられる理論を中心に紹介していきます。

1．ピアジェの発達理論

　スイスの発達心理学者**ピアジェ**は、さまざまな研究に基づいて、誕生から思春期にいたる子どもの認知的な機能の発達についての包括的な理論をはじめて提案した発達心理学者といわれています。

　ピアジェの興味の中心は、「子どもはどのようにして知識を獲得するのか」という点にありました。もともと生物学者であったピアジェは、さまざま生物が環境に合わせて変化することにより環境に適応していくように、子どもも外部の環境との相互作用を通じて知識を獲得していくと考えました。つまり、自分の周囲の環境を認知すると行為の変化が起こり、それによって変化した環境を認知し、さらに行為が変化するといった相互作用のなかで認知の枠組みが変化していくことが知識を獲得することであると考えました。そして、その中心となる認知構造として**シェマ**という概念を提案し、**同化**と**調節**という心理的なはたらきを通じて均衡化していくことを、知識や認識が形作られていくことであると考えたわけです（「ピアジェの発達理論①」p54）。たとえば、けいちゃんがゼリーをつかもうとしたときに**感覚運動的シェマ**を変化させ、やさしくつかむということを理解したり、アリを擬人化して考えていたＡちゃん（「幼児の知覚

132　｜　＊ 総合解説 ＊

の特徴」p72) が**認知的シェマ**を変化させ、アリは人間ではないしことばはわからないということを理解したりすることが、知識が獲得されることだと考えています。このような過程は、遊びのなかでもみられます。積み木を車に見立てて遊んでいる象徴遊び（「象徴機能」p66) は、車のイメージに積み木を象徴的に取り込んでいるという点で同化の働きによるものですし、新しい環境でどうしたらよいのかわからない時にはほかの子どもたちのまねをして遊んだりする模倣行動は調節の働きによるものだといえます。

　ピアジェの理論では、このような、同化と調節による均衡化という過程によって、あらたな認知の構造が作り出されていきます。そして、その過程は質的に異なった4つの段階があると考えました（表3－1)。質的に異なっているということは、つまり、それぞれの段階にある子どもたちは、それぞれ異なった認知の方法に基づいて環境をとらえているということです。このような段階を経て、具体的思考からより高次な抽象的思考へとものの見方や考え方が変化していくと考えました。そして、見方や考え方の変化は、同じ順序で継起し、子どもの周囲の社会や文化などの条件に関係なく一定であると考えました。これは、子どもたちの知識や技能、経験などの問題ではなく、子どもたちの認知はみな同じ順序で変化していくということです。つまり、ものの見方や考え方の発達は、生得的に決まっていると考えていました。そのため、ピアジェの発達理論は、**発生的認識論**といわれることがあります。

　ピアジェの理論については、その後のさまざまな批判もあります。しかし、この本においても何度も彼の名前が出てきたように、現在の発達心理学で取り扱われるトピックスの多くが彼の理論から派生したものであり、その点で、ピアジェは発達心理学に多大なる影響を与えた心理学者の一人であることは間違いありません。

（岡部　康成）

表3-1 ピアジェの発達理論

	段階	年齢	概要	見られる特徴・行動
I	感覚運動期	2歳まで	実際の活動や動作を通じて、外界を認識し、操作している段階。この段階の中で、目的活動の出現（4ヶ月以降）、ものの永続性の獲得（8ヶ月以降）、同化と調節の分化（12ヶ月以降）、心内実験や延滞模倣（18ヶ月以降）などの発達的変化が生じてくる。	ものの永続性
II	前操作期 前概念的 思考段階	4歳まで	イメージが表象の主体となってきた段階。そのため発話なども見られるようになるが、大人と同じように一般的な抽象的概念として言葉を用いているわけでなく、具体的な対象や活動に結びついたものとして用いる（これを前概念という）。	見立て遊び ごっこ遊び
	直感的 思考段階	7・8歳まで	前概念的思考が減り、外界を分類したり、関連付けたり、一見、論理的な思考を繰り広げているように見られる段階。しかし、実際には、外界の捉え方が、知覚像に基づいた直感的思考であり、次の段階である具体的操作期とは大きな隔たりがある。	保存の概念の理解 自己中心性 アニミズム 相貌的知覚
III	具体的操作期	11・12歳まで	思考が、見えや活動から独立し、自分が具体的に理解できる範囲においては論理的に思考できるようになる段階。ただし、論理的思考も、具体的なものに限られていたり、操作も特定のものに限られていたりしている。そのため、純粋な論理的思考を獲得しているとはいえない。	保存
IV	形式的操作期	11・12歳以降	初めて、抽象的な概念を用いた論理的思考が可能となり、具体的な事象から開放されて、観念的な操作が可能になる。	

134 ＊総合解説＊

● 2．ヴィゴツキーの発達理論 ●

　ロシアの心理学者**ヴィゴツキー**は、子どもの発達における社会、文化、歴史的側面の影響を重視した発達理論を確立しています。ヴィゴツキーの理論は20世紀前半に発表されたものですが、最近になって発達心理学において非常に注目されるようになりました。とくに、教育・保育系の領域では、エピソード「最近接発達領域」(p88)で取り上げた最近接発達領域という考え方が、非常に示唆に富むものとしてしばしば取り上げられています。

　ヴィゴツキーは、発達は外の世界との社会的相互交渉によるものであると考えています。ヴィゴツキーによると、ものを考えたり、問題解決をしたりといった複雑な活動（高次の精神機能）は、子どもの発達において、2つの水準で現れます。最初は人と人との間（**精神間**）、つまり社会的相互交渉において出現します。子どもが発達するにつれて、その機能はしだいに子どもの内面に取り入れられ、子ども自身のなか（**精神内**）で出現します。たとえば、なんらかの問題を解決するということについて考えてみましょう。はじめは、子どもはひとりで問題解決ができません。しかし、ひとりでは無理でもおとなや年長者と一緒に問題に取り組むことで、解決することができます（精神間）。そのように、おとなや年長者とのかかわりを通して、つまり社会的相互交渉をしながら、問題解決をくり返しているうちに、解決方法が内面化し、子どもは他者と関わることなく、自分ひとりで、自分のなかで解決ができるようになっていきます。社会的相互交渉が取り入れられるという意味で、人間の発達は、社会・文化・歴史を内面化するということになります。つまり、子どもは、他者と活動の共有をすることで、その社会の文化を自己のなかに取り込んでいるということができます。

　ことばの発達における**内言と外言**の出現（p79）も、この内面化の過程を示しています。ことばは、まずは他者とのコミュニケーションの道具として他者に向けて、つまり人と人との社会的相互交渉において道具として使用されます（外言）。その後、子どものなかに取り入れられて思考の道具として使用されるよ

＊ 第3章　発達の理論 ＊　　*135*

うになります（内言）。このように考えると、人の思考というものが、生活する文化から大きな影響を受けていることがわかります。

　また、ヴィゴツキーは、人間の高次の精神機能は、社会的、心理的道具（記号）によって、媒介された活動であるというとらえ方をしています。人の活動を理解するためには、活動の主体である人間と活動の対象だけでなく、どのような道具を使っているかも考える必要があるということです。たとえば、外言から内言への過程からもわかるように、人がものを考えたり、問題を解決しようとする時、頭のなかでことばという道具を使って考えていますね。もし、ことばを使わなかったら、ものを考えるということが難しくなります。仮に考えることができたとしても、それはことばがある時とまったく別のものになってしまうでしょう。あるいは、同じ文章を書くという活動でも、鉛筆やペンで書くのと、パソコンや携帯で書くのでは、文章の書き方や順序、表現の仕方などが違うでしょうし、おそらくできあがった文章も異なるのではないでしょうか。道具を抜きにして人間の活動を理解することはできないのです。

　さらに、先述のようにヴィゴツキーの理論のなかで、とくに保育、教育の世界で注目されているのが、最近接発達領域という考え方です。従来、子どもの発達は、知能検査や発達検査などによって、その時点においてひとりでできることのみが、その子どもの発達水準として測定されてきました。それに対して、ヴィゴツキーは、子どもの発達を2つの水準に分けてとらえています。1つは、一般的な検査で測定されている、子どもが自分ひとりでできる水準です。しかし、子どもは、大人や仲間からヒントや少しの手助けを与えられれば、ひとりで行った時より難しい課題を解決することができます。このような他者と共同で行うことで解決可能なことも、子どもの発達の水準を表しているといえます。この2つの水準の差の部分、つまり子どもがひとりではできないけれど、他者と共同で、他者の助けを借りればできる水準が、最近接発達領域です。教育は、この領域に働きかけることで、最も効果的であるとされています。なぜなら、社会的相互交渉をくり返していくうちに、その活動は内面化されて子どもの精神内の機能として定着するからです。

ピアジェの理論をはじめ、これまでの発達心理学の多くの理論や方法が、子どもの生活文脈を軽視したものであったことへの反省から、発達における社会・文化・歴史的な文脈の影響を考慮に入れたヴィゴツキーの理論は高く評価され、それに基づく研究が多くなされてきています。

(若尾　良徳)

3．フロイトの発達理論

　フロイトは、精神科医として患者の治療に携わった経験から、19世紀末に**精神分析学**を確立しました。彼の考える人格の発達理論の特徴は、①無意識、②性的エネルギー、③幼児期体験の3つを重視した点にあります。

　フロイトの理論では、人格は、**イド**（エス）、**超自我**（スーパーエゴ）、**自我**（エゴ）という3つの領域から構成されていると考えられています。イドとは、"あれがしたい"とか"これがほしい"という気持ちのようなものです。つまり、イドとは、現実性、論理性、時間などを無視して、食欲・性欲などの欲求や攻撃性などの衝動の満足を、即時的に得ようとする快感原則に従う心理過程のことで、人間に生まれつき備わっていると考えられています。これに対して、超自我は、"こういうことはしてはいけない"とか"こうでなければならない"と考えたりする気持ちです。超自我は、両親のしつけなどによって、社会的な規範や価値が良心や道徳心といったものとして作られていくもので、生まれた後に獲得するものと考えられています。フロイトの考えでは、生まれたばかりの新生児は、イドの塊です。しかし、その新生児も成長して活動範囲が広がっていくと、現実の社会のなかでできることとできないことを経験したり、また周囲からやってはいけないことを教えられたりします。つまり、"これがしたい"というイドと"こういうことはしてはいけない"という超自我は必ずしも一致しない状況にしばしば直面します。そのとき、"これがしたい"というイドの衝動と"こういうことはしてはいけない"という超自我のバランスをとりながら、実際にできることできないことを考えつつ、どういう行動するかを決める

心理過程を自我といいます。その点で、自我は人格の中心的な役割を担っているものといえます。この3つのなかで、イドや超自我は、無意識的なもので、イドの衝動と超自我による禁止との調節がうまくできずに不安が生まれると、無意識のうちにさまざまな手段を使って自我を守ろうとすると考えられています（これを**防衛機制**といいます）。このようにフロイトの考える人格理論では、無意識の世界を重視したものであることが特徴的です。

　また、フロイトは、さまざまな心理や行動を生み出す精神的エネルギーは主に性欲（リビドー）であり、身体的部位から得られる快感が人格に大きな影響を与えると考えました。たとえば、乳児は母親の乳房を吸うという行動から栄養を摂取すると同時に、口唇から快感を得ていると考えます。そしてリビドーの対象となる身体的部位は、口唇、肛門、性器と発達的に変化していくと考えました。彼は、このリビドーの対象の変化に応じて、**口唇期**（生後～1.5歳頃）、**肛門期**（～3歳頃）、**男根期**（～5歳頃）、**潜伏期**（～12歳頃）、**性器期**（～成人まで）という5つの精神性的発達段階があると主張しています。エリクソンの理論（p139）では、人が生活する社会において共通にみられ、大きな影響を及ぼす心理的危機によって発達段階を区別するのに対して、フロイトはリビドーの向かう身体的部位によって発達段階を区別している点が非常に特徴的であるといえます。その点では、フロイトの理論は、性的なエネルギーが重要な役割を担っている理論といえます。

　さらにフロイトは、これらの発達段階での満足度が、将来の人格に大きな影響を与えると考えました。たとえば、乳児期は口唇部で快感を求めますが、そこでの満足が十分であれば問題ありませんが、そこで満足が得られなければ、人格にゆがみが生じ、甘えやその反対の憎しみの傾向が強くなる（口唇期的性格）と考えます。同じように、肛門期で満足度が不十分であれば、けち、極端な整理整頓好きなどの性格（肛門期的性格）に、男根期に父親（または母親）との葛藤が強すぎると、小心、臆病といった性格（男根期的性格）が生じると考えました。このように、幼児期経験が、その後の子どもの人格的発達に大きな影響を及ぼすとフロイトは、考えています。

表3－2　フロイトの防衛機制

機　制	定　義
抑圧	強い不安、苦痛な観念や記憶、不快な感情を意識から締め出し、無意識にとどめておく
反動形成	抑圧された衝動や感情が、行動に現れるのを防止するため、それとは正反対の態度や行動を示す
投射	自分の中にあることを認めることのできない感情や願望を、他者のものとみなすこと。
合理化	自分のした行動に対して、自分の本当の動機を隠して、適当な口実や理屈をつけて、自分を正当化する
昇華	本能的な衝動を、社会的価値のある対象や行動に向けることで、衝動を発散する

　フロイトの創始した精神分析学は、思弁的であり実証することが難しく、現在の心理学では批判も多く、否定されています。しかし、それまでに考慮されていなかった無意識の世界を取り上げた点や幼児期の経験の重要性を指摘した点では、後の心理学に大きな影響を与えた考え方の1つであることは確かです。

(岡部　康成)

4．エリクソンの発達理論

　エリクソンは、フロイトの理論の影響を受けながら、独自の発達理論を提唱しました。エリクソンの理論は心理・社会的発達理論と呼ばれ、個人の心理的な発達を、その人が生活する社会との関係で考えています。エリクソンは、同じ時代の同じ文化の社会に生活する人であれば、誰でもかなりの程度共通した基本的な心理的発達の素地（グランド・プラン）があると考え、誕生から死に至るまでの8つの発達段階を示しています（表3－3）。そして、誰もが共通してたどる人生のサイクルという意味で、**ライフサイクル**という考え方をしています。

　8つの発達段階にはそれぞれ解決すべき**発達課題**が想定されており、発達課題を適切に解決することで、社会とのバランスがよくなり、健康な発達と満足のいく人生を送ることができます。エリクソンの理論において、発達課題は、心理社会的危機として示されています。心理社会的危機とは、人がライフサイクルのなかで、次のプロセスに進むか、後戻りするか、横道に外れてしまうか

の分岐点のことを指します。この危機は、否定的なものではなく、発達のために必要なものです。各危機においては、プラスの力とマイナスの力が拮抗しており、両方向の力が必ず含まれています。プラス方向が強くなれば健康な発達が進み、マイナス方向が強くなれば、病理的になっていくと考えられています。
　各段階の心理社会的危機は次のようになります。

①「信頼 vs. 不信」：乳児期には、自分をとりまく人々や社会を信じられること、つまり**基本的信頼感**を得て、不信感を克服することが課題となります。基本的信頼感は、母親のような主要な養育者を通して獲得されます。

②「自律性 vs. 恥・疑惑」：幼児期前期（1〜3歳）には、移動や食事、排泄など身のまわりのことを自分で行うようになり、自律性の感覚をもつことが課題になります。この時期の子どもは、なんでも自分の思い通りにしたいと考えますが、養育者は正しい行動の仕方を教えようとします（「反抗期」p62）。この時、子どもが養育者や社会が期待することをできていないと感じると、恥の感覚をもつようになります。

③「自主性 vs. 罪悪感」：幼児期後期（3〜6歳）には、自発的にさまざまな活動に取り組み、失敗をくり返しながらもより適切にできるようになっていく自主性の獲得が求められます。養育者の過剰な統制により、罪悪感を感じるようになることもあります。

④「勤勉性 vs. 劣等感」：学童期（6〜12歳）には、小学校においてさまざまな学習をすることを通して、忍耐強く勤勉に仕事を完成させる力を発達させることが課題となります。自分ができないと感じたり、劣等感を感じることもあります。

⑤「同一性 vs. 同一性拡散」：エピソード「アイデンティティ」（p116）でみたように、青年期には、「自分とは何者であるか」について考え、アイデンティティを確立することが求められます。アイデンティティが拡散し、自分が何者であるか、生きる目標はなんなのかがわからなくなることもあります。

⑥「親密 vs. 孤立」：成人前期には、結婚や新しい家族の形成など、親密性を獲得することを求められます。親密性とは、自己を失わないで、他者と親密

な関係を作り上げる能力を指します。自己を失う恐怖から、対人関係に入り込まず、常に心理的距離をとり、孤立、孤独を感じることもあります。

⑦**「世代性 vs. 自己陶酔」**：成人期には、子どもを産み育てたり、創造的な仕事やアイデアを生み出し育てることが求められます。世代性とは、次の世代のために、仕事を行うことを指し、子どもや創造物など自分が生んだものを世話し育てることです。自分の欲望のままに生きることで停滞し、人生の意味を見失うこともあります。

⑧**「統合性 vs. 絶望」**：老年期には、自分の人生を意味あるものとして受け入れることが課題となります。人生を受け入れられず、絶望を感じることもあります。

エリクソンの発達理論は表3－3のような図式で示され、縦軸が時間的経過、

表3－3　エリクソンの心理・社会的発達段階（エリクソン，1950）

		1	2	3	4	5	6	7	8
Ⅷ	老年期								統合性 vs. 絶望
Ⅶ	成人期							世代性 vs. 自己陶酔	
Ⅵ	成人前期						親密性 vs. 孤立		
Ⅴ	青年期					同一性 vs. 同一性拡散			
Ⅳ	学童期				勤勉性 vs. 劣等感				
Ⅲ	幼児期後期			自主性 vs. 罪悪感					
Ⅱ	幼児期前期		自律性 vs. 恥・疑惑						
Ⅰ	乳児期	信頼 vs. 不信							

横軸がその社会において共通する基本的な心理的発達の素地であり、発達の内容は2つの交点上に示されます。

エリクソンの発達理論は、あいまいな記述も多く、十分に証明されているわけではありませんが、ライフサイクルという観点を取り入れ、乳幼児期だけでなく生涯を通じての発達を見通したものである点、発達をその人が生活する社会との関係で扱っている点で評価されています。とくに、青年期の課題であるアイデンティティの問題については、その後も多くの研究がなされており、青年期以降の発達理解に、大きな影響を与えた理論といえます。

5．ハヴィガーストの発達理論

ハヴィガーストは、人生それぞれの時期の発達課題について、より具体的に示しています（表3－4）。ハヴィガーストによると、発達課題は、身体的成熟、社会の文化的圧力、個人の価値と願望という3つの要因によって生じるとされます。たとえば、青年期の課題である「同年齢の男女の仲間とのより成熟した新たな関係を達成すること」については、身体の性的な成熟に基づいたものであり、養育者や周囲のおとなから期待されることでもあり、また子ども自身もそれを望むようになります。また、ある段階の課題が達成されれば、次の段階への移行もスムーズであると考えられています。

6．ブロンフェンブレンナーの生態学的発達理論

エピソード「環境移行」（p100）で見たように、子どもは生活する環境が変わると、しばしば大きな不安や緊張を感じたり、混乱したりします。子どもが生活する環境の影響を理解する枠組みとして、**ブロンフェンブレンナー**の**生態学的アプローチ**という考え方があります（図3－1）。ひとりの子どもの生活に影響を与えるのは、直接関わる人だけでなく、間接的につながっている人たちや、国や文化、制度といったものがあるという考え方です。引っ越しによって、H

表3－4　ハヴィガーストによる発達段階

乳幼児期（0～6歳）の発達課題
①歩くことを学ぶこと、②固形食を食べることを学ぶこと、③話すことを学ぶこと、④尿や便の排泄コントロールを学ぶこと、⑤性の相違と性の慎みを学ぶこと、⑥社会的・物理的な現実（reality）を描写するための概念を形成し言語を学ぶこと、⑦文字を読むための準備をすること、⑧善悪の区別を学び、良心を発達させること。

児童期（6～12歳）の発達課題
①通常の遊戯に必要な身体的技能を学ぶこと、②成長する生活体としての自分自身に対する健全な態度を形成すること、③同年齢の仲間と仲よくすることを学ぶこと、④男子または女子としての適切な社会的役割を学ぶこと、⑤読み・書き・計算の基礎的技能を発達させること、⑥日常生活に必要な概念を発達させること、⑦良心や道徳性や価値尺度を発達させること、⑧個人的な自立（personal independence）を遂げること、⑨社会的な集団や制度（institutions）に対する態度を発達させること。

青年期（12～18歳）の発達課題
①同年齢の男女の仲間とのより成熟した新たな関係を達成すること、②男性または女性としての社会的役割を達成すること、③自分の体格を受容し、身体を有効に活用すること、④両親や他の大人たちからの情緒的な自立を遂げること、⑤結婚と家庭生活の準備をすること、⑥経済生活（economic career）の準備をすること、⑦行動の指針としての一連の価値や倫理体系を修得すること―イデオロギーを発達させること―、⑧社会的に責任ある行動を望み、それを達成すること。

成人前期（18～30歳）の発達課題
①配偶者を選ぶこと、②配偶者と一緒に暮らすことを学ぶこと、③家族をスタートさせること、④子どもたちを養育すること、⑤家庭を管理すること、⑥職業に就くこと、⑦市民としての責任を負うこと、⑧気心の合った社会集団を見出すこと。

中年期（30～60歳）の発達課題
①十代の子どもたちが信頼できる幸福な大人になれるよう支援すること、②大人としての社会的・市民的な責任を果たすこと、③職業生活（occupational career）において満足のいく業績を達成し、それを維持すること、④大人向きの余暇活動を開発すること、⑤自分と配偶者を人間として結びつけること、⑥中年期の生理的変化を受容し、それに適応すること、⑦年老いた両親に適応すること。

成人後期（60歳～）の発達課題
①体力や健康の低下に適応すること、②退職と収入の減少に適応すること、③配偶者の死に適応すること、④同年配の集団との腹蔵のない親善関係を確立すること、⑤社会的役割を柔軟に引き受けて、それに適応すること、⑥身体的に居心地のよい居住設備を整えること。

（守屋國光『生涯発達論――人間発達の理論と概念』風間書房，2005年より作成）

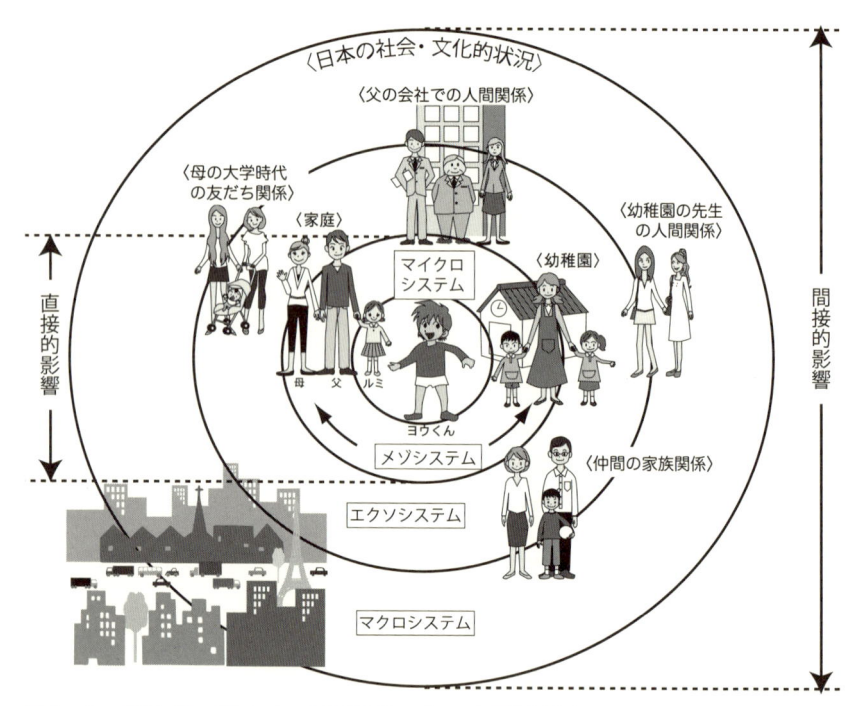

図3−1 ブロンフェブレンナーの生態学的アプローチの概念図（岡本依子・菅野幸恵・塚田 – 城みちる『エピソードで学ぶ乳幼児の発達心理学——関係のなかでそだつ子どもたち』新曜社，2004年より作成）

ちゃんは、保育園の先生や友だち、近所の人が変わったという直接的な影響を受けます。それだけでなく、お父さんの会社の人間関係、お母さんの近所の友だち、お兄さんの学校での友だちなども変化したことによる間接的な影響もあります。さらに、外国から日本へと生活する場所が変われば、一番外側を取り巻く国家や制度も違っています。文化の違いといえば簡単ですが、このように考えると、大きな変化であることがわかりますね。

　生態学的アプローチは、ひとりの子どものことを考える時、子どもだけでなく、それを取り巻く人々や社会のことまで広い視点で考えることの重要性を示しています。

（若尾　良徳）

7. マズローの発達理論

マズローは、人間とは自己実現に向かって絶えず成長していく生きものであると考え、その成長の原動力として**欲求**を中心にした発達理論を提唱しました。マズローの発達理論では、発生的・発達的観点から、欲求を低次から高次の順序で階層状に分類し、欲求の優先順位について、このピラミッド型の階層において下位の欲求が満たされると、1層上の欲求が生じると考えています。そのため、彼の発達理論は、**欲求階層説**といわれています。

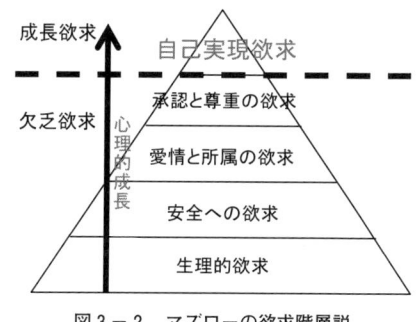

図3-2　マズローの欲求階層説

彼の発達理論で欲求のもととなるのは、**生理的欲求**です。生まれたばかりの赤ちゃんは、お腹がすいたり眠い時、泣いてそのことを伝えようとしています。まだまだ心身ともに未熟で活動範囲も狭い乳児の欲求の多くは、生理的欲求ということになります。

その後、子どもが心身ともに発達が進み生理的欲求をある程度自分で満たすことを身につけていく頃には、子どもの活動範囲は広がっていきます。そこでは、いかに危険を回避するのかということが大切になってきます。このような欲求を**安全の欲求**といい、生理的欲求が満たされると次に生まれてくる重要な欲求と考えられています。さまざまな新しい環境のなかで活動するにあたって、まだまだ無力で無知な子どもは、この欲求を満たすための手がかりと確認のために社会的参照（p46）を行ったりします。

次に現れるのが、**愛情と所属の欲求**です（親和欲求という場合もあります）。ある程度の安全の欲求を自分で満たすことができると、子どもの活動範囲はさらに広がり多くの人々と関わっていくようになります。そこでは、仲間の集団を作ったり、その集団のなかで仲間とうまくやっていったりすることが大切になり

* 第3章　発達の理論 *

ます。このような行動のもととなるのが、愛情と所属の欲求です。この欲求に基づいて、家族や友人と仲良くしたり、恋人との愛情関係を築くような行動が促されます。

　集団のなかである程度仲間とうまくやれるようになり、愛情と所属の欲求が満たされるようになると、次に、集団のなかでみんなと仲良くいられるだけではなく、仲間から注目され関心をもたれ理解されたいと思うようになります。これを**承認と尊重の欲求**といいます。

　そして、これらの欲求が満たされる頃になって最後に生まれるのが、**自己実現欲求**とされています。これは、自分の能力や可能性を十分に使用して、みずから最善を尽くし、自分をさらに高めたいという欲求と考えています。これまでの欲求は、食物の充実、物理的に安全が確保できるかどうか、他者とうまくやれているかどうか、他者からの評価が得られているかどうかなど、自分以外の要素によって欲求が満たされるかどうかが決まっていました。つまり、外部の物理的・社会的状態が自分の求めるものと比較して不十分であるという不満感のようなものから生じる欲求であり、それが満たされれば欲求は解消します（そのため、これらの欲求を**欠乏欲求**といいます）。それに対して、自己実現欲求は、みずからを高めたいという欲求であり、この欲求が生まれている時は不快な状態ではなくむしろ心地よい状態であり、当初目指したことが実現すればさらに

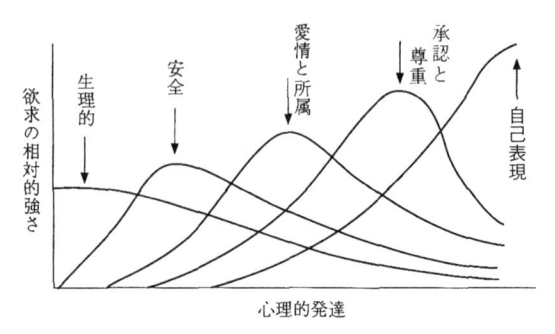

図3-3　**心理的発達による欲求の変化**（出典：金城辰夫編『図説現代心理学入門』培風館, 1990年, p7）

次の目標が設定されて欲求が継続していきます。そのため、自己実現欲求は、**成長欲求**ともいわれています。
　このようにマズローの欲求階層説では、欲求という視点から人間の発達をとらえ、最終的に自己実現欲求をもつことができるようになっていくことが、発達していくことであるといえます。ただし、それぞれの欲求が、発達していくなかでまったくなくなるわけではありません。たとえば、生理的欲求は、赤ちゃんの時だけということではなく、みなさんでも極端にお腹がすいている時には、食べ物以外のものにはまったく関心を失い食べ物のことばかり考えてしまいますし、授業中にお腹が痛くなってトイレに行きたくてしょうがない時は、授業のことなどそっちのけで頭のなかはそのことばかりになりますね。このように生理的欲求が満たされない時は、ほかの欲求はすべて背後に押しやられたり、存在しなくなったりし、生理的欲求を満たすことが最優先されます。同じようにピラミッドの下位の階層の欲求は優先されますが、心理的発達に伴って生活のなかで欲求が変化すると考えています。

（岡部　康成）

4 発達の障がい

1．発達の障がいとは？

　人間は、生まれてからおとなになるまでのあいだに、歩けなかった赤ちゃんが歩けるようになりやがて走れるようになる（「歩行の発達」p42）、または生まれた時には視力がぼんやり見えている状態であったのにあっという間に細部までよく見えるようになる（「視覚の発達」p22）、などさまざまな器官・機能が発達していきます。とくに乳幼児期にはその速度がとても著しく、ほんの数年間で体のあらゆる機能が発達し、安定して確立していく時期です。発達の速度には個人差がありますが、それぞれがみな成熟に向かって連続して発達が進んでいくことが特徴です（「発達の原理②」p58）。

　しかしながら、なかにはその発達が順調に進まず、知的（精神的）側面、身体的側面などに生理的、解剖学的な要因によって「遅れ」や「ゆがみ」を生じることがあります。成長・発達の著しい乳幼児期に、このような発達の過程になんらかの支障をきたし定型発達と比べると全体がアンバランスな状態になる場合を、**発達の障がい**(注)といいます。

＊注＊
　「障がい」を見て、あれ？　と思った人もいるのではないでしょうか。難しい漢字でもないのに、なぜひらがなを使うのでしょう。本来「障害」は「阻害するもの」を意味し、「障碍」が「阻害された状態」を意味します。「害」は、「公害」「害虫」など、よい意味では使われません。それを人に使うのには抵抗があります。また本来の意味から、「障碍」を使う専門家も増えてきました。難しい字なので、読みにくいことが難点です。ここでは、わかりやすさと一般的になりつつあるひらがな表記の「障がい」を用いることにしましょう。

2．障がいの分類

　発達の障がいには、世界保健機構（WHO）が示す、表のような分類（段階）があります。

①生物的または生理学的な障がい　(回復困難な損傷)
　　　　脳の一部の未発達、損傷や各器官の器質的な障がいなど、なんらかの「障がい」が残ること。

②能力的な障がい
　　　　①が原因で、知的な遅れがある、目が見えない、耳が聞こえないなどの機能的な問題を起こすこと。

③適応行動的な障がい
　　　　②のために、知的な遅れが原因でひとり暮らしができないなど、一般的な社会生活を送るのに支障をきたすこと。

→**教育や社会（環境）が変化することで改善され、障がいを軽減することができる。**

　さらに2001年には、今までのWHOの分類から、「環境」を重視した社会的な視点を盛り込んだ「ICF（国際生活機能分類）」を導入しました。発達の「遅れ」や「ゆがみ」が、その人を取り巻く環境によっては「生きにくさ」として大きく影響を及ぼしたり、逆に個人の生活に対する影響が少ないことから、本人のもつ問題が軽減されることもある、という考え方が定着してきました。つまり心身の機能や構造、能力などの問題だけが障がいの程度を決めるのではなく、援助や教育など生活の環境や状態に左右され改善されると考えられるのです。

　たとえば保育場面において、定型発達の子どもと比較すると着替えや排泄などの身辺自立が未熟な子どもがいる時に、着替えるための時間が少なくて援助するおとなの数も少なければ「手がかかる子」、「ひとりで着替えられない子」などととらえられ問題視されてしまう場合があります。でも、十分に時間があり、ゆっくり取り組む環境が保障されて、さらに援助するおとなも確保されて

いたら、たとえおとなが手伝わなくても見守るだけでみずからやり遂げることのできる子もいることでしょう。その時には「時間をかければできる」ととらえられ、特別な配慮が必要であるとはいいきれないでしょう。同じ子どもであっても「○○ができない」ととらえるのか、「△△すれば○○できる」ととらえるのかの違いは、子どもをどのように受け止めて接するかという考え方や対応の違いに影響しますし、適応能力を判断する際にも関わってきます。

このように、「発達の障がい」は、援助する人的環境、つまり保育者自身もその障がいの程度に深く関わるのだと意識しなければなりません。

● 3．発達障がい ●

また、これらの「発達の障がい」は、「何かがある、ない」とか「できる、できない」と明確にわかりやすく見てわかるものばかりではありません。順調に発達しているように思われる子どもたちのなかに、友人同士の関わりのなかで、「あれ？」と気になる行動を示すことがあります。たとえば、隣同士で楽しくパズルを始めた様子なのに、突然いなくなったり、かわりばんこの順番を守れず自分ひとりでどんどん進めてしまったり、そのために友だちが嫌な顔をしても知らん顔でニコニコしていたり、などと保育者には「どうして？」と思うような場面です。保育者は、ほぼ同年齢の子どもたちの集団とともに生活しているために、ほかの子との違いに気づき、なんだろうと気になりますよね。このような、発達途上の子どもにみられる、主に集団場面や人とのかかわりにおける行動上の問題から発見される障がいに、「発達障がい」があります。

発達障がいとは、発達障害者自立支援法（第2条第1項）において、次のように、定められています。

> 「『発達障害』とは、自閉症、アスペルガー症候群、その他の広汎性発達障害、学習障害、注意欠陥多動性障害その他これに類する脳機能の障害であってその症状が通常低年齢において発現するものとして政令で定め

るものをいう」

　「発達障がい」は、子どものもつ発達の「遅れ」や「歪み」が脳の中枢神経系の機能の問題であって、原因はさまざまであってもおおむね乳幼児期にその症状が現れはっきりする、という共通の特徴をもっています。これらの大多数は先天的（生まれつき）であり、親または保護者の養育態度なども含め環境や教育だけが原因ではありません。また、適切な環境に置かれることで発達が促され、「遅れ」や「ゆがみ」が改善されると考えられるのですから、保育・教育の機会は、子どもの発達にとって大変重要であることがわかります。

　それでは、それぞれの障がいがどのような特徴をもつのでしょうか。代表的な障がいとして、自閉症、高機能自閉症、アスペルガー症候群などを含む「広汎性発達障がい（PDD）」（「自閉症」p104）、「注意欠陥多動性障がい（ADHD）」（「ADHD」p102）、「学習障がい（LD）」の特徴について簡単に紹介します。

(1) 広汎性発達障がい（Pervasive Developmental Disorder）

　自閉症のもつ症状が、軽いものから重いものまでを「連続体」としてとらえるようになり、「自閉症スペクトラム」とも呼ばれています。自閉症のもつ症状から、明確に「ここからがこの障がいである」、というようにそれぞれを明確に分類することは困難です。広汎性発達障がいとは、自閉症または自閉症に類似した特性をもつ障がいであり、その総称を指します。

　自閉症：視線が合わない、人への関心が乏しい、人の気持ちを理解するのが苦手など（「**社会性の障がい**」「他者理解」p82）、前言語期のジェスチャー、指差しなどの発達の遅れ、発語の発達の障がい、オウム返しなど（「**コミュニケーションの障がい**」「共同注意」p40、「ことばの発達②」p50）、特定のものにこだわる、日課の急な変更など変化に弱い、体を使った遊び、たとえば手をひらひらする、ぐるぐる回る、横目を使って見るなどを楽しむなど（「**想像力の障がいとそれに基づくこだわり行動**」）、以上３つの症状が３歳までに明らかになることが「自閉症」の特徴といわれています。

○高機能自閉症とアスペルガー症候群

「高機能自閉症」は自閉症の症状がベースとなり、そのなかでも「知的発達の遅れがあまり認められない」ことが特徴となります。その上、自閉症特有の3つの症状のうちの1つ、「コミュニケーションの障がい」があまりはっきりと表れず、表出言語はむしろ人より早い場合もあるのが「アスペルガー症候群」です。また最近では、「高機能自閉症」と「アスペルガー症候群」を明確に区別しない場合もあります。特徴は、よくしゃべるが会話が続かない、あるいは定型発達と普段あまり変わらないのに突然の変化に弱い、こだわりがあるなどの様子を示すことがあります。

(2) 注意欠陥多動性障がい (Attention Deficit Hyperactivity Disorder)

主な症状は「多動性」(じっとしていられない、しゃべりすぎるなど)、「注意散漫」(外からの刺激などですぐに集中力がとぎれる、また忘れ物やなくすことが多いなど)、「衝動性」(考えるよりも先に行動してしまう、順番を待てないなど)の3つです。

行動コントロールが苦手で刺激に敏感に反応するため、「椅子に座っていられない」、「じっと出来ないので集まりの時に大変」、「何かあるとすぐに首を突っ込んでくる」、と言われてしまうことがあり、保育者が対応に頭を悩ましている場面などがよく見受けられます。

(3) 学習障がい (Learning Disabilities)

基本的に、全体的な知的発達に比べ、読む、書く、聞く、話す、計算する、または推論する能力のうち、特定のものの習得と使用が苦手な状態を指します。乳幼児期に書字、読字などを学習する機会がない場合、はっきりと診断されずに就学してしまうこともあります。

このようなそれぞれの特徴をもつ「発達障がい」ですが、乳幼児期、とくに年齢が小さい時には定型発達の子どもと比較し症状がはっきりしない、わかりにくい、また現れたとしても明確にどの障がいかを判断できず診断名をつける

ことは非常に困難、ということが起きます。分類を超えて、気になる症状として「多動（落ち着きがない）」、「コミュニケーションが取りにくい」、「言葉の発達に遅れ、または特異性がある」など、表れる行動上の問題が共通していたり類似していたりすることがよくあります。いずれかにぴったりとはあてはまらないため判断が難しく、まわりの理解を得られないという結果につながる恐れもあります。また保護者にしてみれば気になりつつも「障がい」という言葉に抵抗があって専門家に診てもらわない、診断してもらいたくない、あるいは1人目の子の場合「子どもってこんなもの」とほかの子との違いに気づきにくいなど、家庭では発見が困難であるという要因も影響し、判断が遅れることがあります。逆に、保育者の立場からは「早く診断してもらってしかるべき専門家に相談したいが、このままではどうしたらよいかわからない」、などととまどったり、直接的な解決策ではないけれど、何か得られるのではという思いから「早く病院に連れて行って診断してほしい！」となどと願う保育者の訴えも聞こえてくるようです。

　しかしながら、障がい名がはっきりしたとして、その症状は同じ障がい名であってもさまざまであり一人ひとり違う、ということをしっかり覚えておいた方がよいでしょう。保育現場においては障がいのもつ特徴を知ることはもちろん大切ですが、それよりも目の前の子どもの行動パターンや、今の段階で何がどこまでできるのかを具体的に把握することがまず重要なのです。そのことがおろそかになれば、どんなに障がいの特性を知っていても個々への適切な対応は難しいでしょう。「障がいがある」、と決めつけるのではなく、「もしかしたら〇〇かも知れない、だからこの点に注意して援助しよう」、「〇〇だとすれば、このような配慮が必要」などと仮定しながら、一人ひとりに対し寄り添いながら、丁寧な保育を心がけることがとても大切になります。

（茂井　万里絵）

事項索引

あ　行

愛着（アタッチメント）　49, 53, 126
　　──の世代間伝達　131
愛着パターン　130
愛着表象　130
アイデンティティ　116
アニミズム　72
安全基地　53, 127
一語文　56
一次的ことば　85
遺伝説　121
イド　137
インプリンティング（刷り込み現象）　128
エゴ　137
エス　137
延滞模倣　31

か　行

外言　79, 135
学習優位説　122
感覚運動期　36, 55
感覚運動的シェマ　55, 132
環境閾値説　123
環境移行　100
環境説　122
気質　76
機能遊び　69
基本的感情　26
客体的自己　32
ギャングエイジ　109
吸啜反射　21
鏡映自己　60
教師期待効果　96
協同遊び　65
共同注視　40
共鳴動作　30
均衡化　55
近接維持　126

クーイング　34
形式的操作　113
形式的操作期　117
原始反射　21
語彙爆発　80
口唇期　138
口唇探索反射　21
構成遊び　69
行動遺伝学　125
行動主義　122
広汎性発達障がい　105
肛門期　138
心の理論　83

さ　行

最近接発達領域　88
三項関係　41
三歳児神話　99
シェマ　54, 132
自我　137
色覚　23
自己意識　32
自己主張　63
自己制御　63
自己中心語　78
自己中心性　71
自己抑制　63
思春期　110
質問期　80
児童期　108
自閉症　105, 151
社会的参照　46
社会的微笑　25
主体的自己　32
受容遊び　69
小一プロブレム　101
障がい
　　コミュニケーションの──　151
　　社会性の──　151

154

発達の―― 148
生涯発達 12
象徴遊び 66, 68
象徴機能 31, 67
初語 50
新生児模倣 30
シンボル 67
心理的離乳 113
スーパーエゴ 137
ストレンジ・シチュエーション法 130
刷り込み現象 128
性器期 138
成熟 121
成熟優位説 121
精神分析学 137
生態学的アプローチ 142
青年期 116
生理的早産 25, 126
生理的微笑 25
宣言的記憶 115
選好注視 28
潜伏期 138
相互作用説 123
相貌的知覚 73
育てにくい子 77

　　　　た　行

第一次性徴 111
第一反抗期 62
対象の永続性 36
胎動 19
第二次性徴 111
第二反抗期 62, 113
多語文 57
タブラ・ラサ 120
男根期 138
知的障がい 107
注意欠陥多動性障がい（ADHD） 103
中心部―周辺部勾配 39
超自我 137
調節 54, 132
手続き記憶 115

同化 54, 132
頭部―尾部勾配 38

　　　　な　行

内言 79, 135
喃語 35
二語文 57
二次性動因説 127
二次的ことば 84
認知 28
認知的シェマ 55, 133

　　　　は　行

把握反射 21
発生的認識論 133
発達
　――の個人差 43
　――の順序性 43
　――の障がい 148
　――の速度 59
　――の連続性 58, 59
発達加速現象 111
発達課題 139
反抗期 62
反射 20
ハンドリガード 32
般用 51
ピグマリオン効果 96
人見知り 29, 48, 127
ひとり遊び 65
表象的シェマ 55
表象 67, 129
非抑制 77
敏感期 129
不完全喃語 34
輻輳説 122
ふたり遊び 68
分離不安 126
平行遊び 65
ベビーシェマ 24
偏見 95
防衛機制 138

傍観者的行動　64
ホスピタリズム　127
保存　75

ま・や・ら行

見立て　66
三つ山問題　71
命名期　80
模倣　31
モラトリアム　117

幼児期健忘　114
幼少連携　101
抑制　77
欲求階層説　145
ライフサイクル　14, 139
リビドー　138
臨界期　129
レディネス　121
連合遊び　65

■■■ 執筆者紹介 ■■■

● 編著者

若尾　良徳（わかお　よしのり）
　　奥付編著者紹介欄参照

岡部　康成（おかべ　やすなり）
　　奥付編著者紹介欄参照

● 著者（五十音順）

天野　陽一（あまの　よういち）
　　東京都立大学人文科学研究科博士課程単位取得満期退学
　　現在　首都大学東京　都市教養学部　助教

小沢　哲史（おざわ　てつし）
　　東京大学総合文化研究科　博士（学術）
　　現在　和洋女子大学　人間・社会学系　心理学・教育学研究室　准教授

亀井　美弥子（かめい　みやこ）
　　東京都立大学人文科学研究科博士課程単位取得満期退学
　　現在　湘北短期大学　保育学科　准教授

齋藤　慶典（さいとう　けいすけ）
　　日本大学文学研究科博士後期課程単位取得満期退学　博士（心理学）
　　現在　日本大学文理学部　心理学科　准教授

齋藤　雅英（さいとう　まさひで）
　　日本大学文学研究科博士後期課程単位取得満期退学
　　現在　日本体育大学　スポーツ文化学部　准教授

茂井　万里絵（しげい　まりえ）
　　東京学芸大学教育学研究科修士課程修了
　　現在　文京学院大学　人間学部人間福祉学科　准教授

名倉　一美（なぐら　かずみ）
　　静岡大学教育学研究科修士課程修了
　　現在　静岡県立大学短期大学部　こども学科　助教

堀　洋元（ほり　ひろもと）
　　日本大学文学研究科博士後期課程単位取得満期退学
　　現在　大妻女子大学　人間関係学部　准教授

● イラスト（五十音順）

石津谷有紀　エピソード23（p63）、44（p105）、45（p107）
杉浦　未来　エピソード43（p103）、46（p109）、47（p111）、48（p113）
宮本　薫　　エピソード16（p49）、28（p73）、32（p81）、50（p117）

編著者紹介

若尾　良徳（わかお　よしのり）

最終学歴　東京都立大学人文科学研究科博士課程単位取得満期退学
現職　日本体育大学 児童スポーツ教育学部 准教授
主著　『イラストレート恋愛心理学』（誠信書房、2006年、共著）
　　　『対人関係と恋愛・友情の心理学』（朝倉書店、2010年、共著）
　　　『保育の心理学』（大学図書出版、2013年、共著）
　　　『成人のアタッチメント―理論・研究・臨床』（W・スティーヴン・ロールズ＆ジェフリー・A・シンプソン編著、北大路書房、2008年、共訳）

岡部　康成（おかべ　やすなり）

最終学歴　日本大学文学研究科博士後期課程単位取得満期退学
現職　帯広畜産大学情報分析室 特任教授
主著　『リスク・マネジメントの心理学』（新曜社、2003年、共著）
　　　『臨床心理学における科学と疑似科学』（スコット・O.リリエンフェルド、ジェフェリー・M.ロー＆スティーブン・J.リン編著、北大路書房、2007年、共訳）
　　　『教職をめざす人のための教育心理学』（福村出版、2008年、共著）

発達心理学で読み解く保育エピソード
――保育者を目指す学生の学びを通して

2010年11月1日　初版第1刷発行
2017年4月10日　初版第4刷発行

編著者　若尾　良徳
　　　　岡部　康成

発行者　木村　哲也

定価はカバーに表示　　印刷　新灯印刷／製本　新灯印刷

発行所　株式会社　北樹出版

URL：http://www.hokuju.jp

〒153-0061　東京都目黒区中目黒1-2-6
電話(03)3715-1525(代表)　FAX(03)5720-1488

© Yoshinori Wakao & Yasunari Okabe 2010, Printed in Japan
ISBN978-4-7793-0251-0
（落丁・乱丁の場合はお取り替えします）